॥ चाणक्यनीति ॥

॥ चाणक्यनीति ॥

Original Writer

Acharya Chanakya (Kautilya)

मूल लेखक

आचार्य चाणक्य (कौटिल्य)

Translated

Lali

अनुवादित और प्रस्तुति द्वारा

ललित सिंह राणा

॥ चाणक्यनीति ॥

स्वस्तिक मंत्र या **स्वस्ति मन्त्र** शुभ और शांति के लिए प्रयुक्त होता है। इसके शुभ उच्चारण से यह पुस्तक का आरम्भ करता हूँ।

Swastika Mantra or Swasti Mantra is meant for auspicious and peaceful undertakings. Hence starting this book with the same.

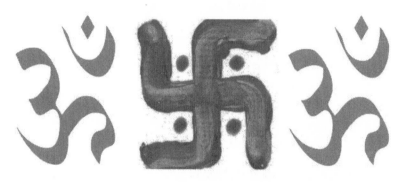

ॐ भद्रं कर्णेभिः शृणुयाम देवाः ।

Om Bhadram Karnebhiḥ Srinuyaam Devah

Om, may we hear what is auspicious with our ears, Oh Gods

भद्रं पश्येमाक्षभिर्यजत्राः

Bhadram Pashyem Akshabhir Yajatrah

May we see what is auspicious with our eyes, Oh holy ones worthy of worship

स्थिरैरङ्गैस्तुष्टुवागँसस्तनूभिः

Sthirair Angais Tushtuvagamsas Tanoobhih

May we live a life of satisfaction with strong organs and healthy body

॥ चाणक्यनीति ॥

व्यशेम देवहितं यदायूः
Vyashema Devahitam Yadaayooh

May we Praise the Lord during the life span given to us by the Gods

स्वस्ति न इन्द्रो वृद्धश्रवाः
Swasti Na Indro Vriddhashravah

May God Indra of Great fame bless us

स्वस्ति नः पूषा विश्ववेदाः
Swasti Na Poosha Vishwa-Vedaah

May the Omniscient Poosha bless us

स्वस्ति नस्ताक्षर्यो अरिष्टनेमिः
Swasti Nastaaksharyo Arishtanemih

May the Protector Garuda bless us

स्वस्ति नो ब्रुहस्पतिर्दधातु
Swasti No Brihaspatir-dadhaatu

May Lord Brihaspati protect us

ॐ शान्तिः शान्तिः शान्तिः
Om, Shaanti Shaanti Shaanti

Om, Peace, Peace, Peace

Om, may we hear what is Auspicious with our ears, Oh Gods. May we see what is Auspicious With our eyes, Oh holy one's worthy of Worship. May we live a life of satisfaction with strong organs and Healthy body. May we Praise the Lord during the life span given to us by the

॥ चाणक्यनीति ॥

Gods. May God Indra of Great fame bless us. May the
Omniscient Poosha bless us. May the Protector Garuda
bless us. May Lord Brihaspati protect us. Om, Peace, Peace,
Peace

॥ चाणक्यनीति ॥

To the wonderful readers who want to gain more of the ancient wisdom.

To those who forgive the times and who are wise enough to fetch both diamonds and coal from ore and utilize it in accordance.

To my parents, sibling's, nephews and nieces.

To my wife (Poonam) and my lovely kids (Saatvik and Shlok).

And to everybody who lays his/her hands on this book.

॥ चाणक्यनीति ॥

Chanakya 4th century BCE was an Indian teacher, philosopher, economist, jurist and royal advisor. He is traditionally identified as Kauṭilya or Vishnugupta, who authored the ancient Indian political treatise, the Arthashastra. As such, he is considered the pioneer of the field of political science and economics in India, and his work is thought of as an important precursor to classical economics. His works were lost near the end of the Gupta Empire and not rediscovered until the early twentieth century.

Chanakya was among the earliest to proclaim and postulate that nationalism (patriotism to nation) is equal if not more important to religious duties.

Chanakya assisted the first Mauryan emperor Chandragupta in his rise to power. He is widely credited for having played an important role in the establishment of the Maurya Empire. Chanakya served as the chief advisor to both emperors Chandragupta and his son Bindusara.

॥ चाणक्यनीति ॥

चाणक्य (अनुमानतः ईसापूर्व 375 - ईसापूर्व 283) चन्द्रगुप्त मौर्य के महामंत्री थे। वे 'कौटिल्य' नाम से भी विख्यात हैं। उन्होने नंदवंश का नाश करके चन्द्रगुप्त मौर्य को राजा बनाया। उनके द्वारा रचित अर्थशास्त्र राजनीति, अर्थनीति, कृषि, समाजनीति आदि का महान ग्रंन्थ है। अर्थशास्त्र मौर्यकालीन भारतीय समाज का दर्पण माना जाता है।

चाणक्य धर्म से ज्यादा राष्ट्रवाद को महत्वपूर्ण समझते थे. ये विचार अपने समय के लिए बहुत क्रन्तिकारी था.

मुद्राराक्षस के अनुसार इनका असली नाम 'विष्णुगुप्त' था। विष्णुपुराण, भागवत आदि पुराणों तथा कथासरित्सागर आदि संस्कृत ग्रंथों में तो चाणक्य का नाम आया ही है, बौद्ध ग्रंथो में भी इसकी कथा बराबर मिलती है। बुद्धघोष की बनाई हुई विनयपिटक की टीका तथा महानाम स्थविर रचित महावंश की टीका में चाणक्य का वृत्तांत दिया हुआ है। चाणक्य तक्षशिला (एक नगर जो रावलपिंडी के पास था) के निवासी थे। इनके जीवन की घटनाओं का विशेष संबंध मौर्य चंद्रगुप्त की राज्यप्राप्ति से है। ये उस समय के एक प्रसिद्ध विद्वान थे, इसमें कोई संदेह नहीं। कहते हैं कि चाणक्य राजसी ठाट-बाट से दूर एक छोटी सी कुटिया में रहते थे।

॥ चाणक्यनीति ॥

प्रस्तावना

कई बार हमें महसूस होता है कि दूसरों के दृष्टिकोण गलत हैं, इसमें कुछ भी गलत नहीं है (इसका मतलब है कि हम सोच रहे हैं और अपने ज्ञान अनुसार चयनात्मक सही गलत का चयन कर रहे हैं)। कभी-कभी हम इसका सामना करते हैं, कभी-कभी हम इसे अनदेखा करते हैं और कभी-कभी हम इसका परिप्रेक्ष्य समझने की कोशिश करते हैं। अगर हम दूसरों के परिप्रेक्ष्य से लड़ते हैं, तो हम इस प्रक्रिया में सही ज्ञान से भी दूरी बनाते हैं।

इस पुस्तक में कई बार महिलाओं और नीच जाति का वर्णन हैं। कृपया उस समय के बारे में सोचें जब यह लिखा गया था। उस समय के दौरान

- महिलाओं को विद्या का कोई अवसर नहीं था

- महिलाओं की जीवन प्रत्याशा लगभग 25 -30 वर्ष हो सकती है।

- एक राजशाही थी, इसलिए यदि राजा भ्रष्ट और भोला है तो पूरे राज्य ऐसा होगा।

- वेश्यालय कानूनी और सर्वव्यापी थे।

- राज्यों के बीच दुश्मनी का माहौल था, सभी एक दूसरे के दुश्मन थे। इसके अतिरिक्त बाहरी संकट जैसे सिकंदर महान था।

-

आचार्य ने रहस्योद्घाटन किया है कि कम जाति अपनी जाति के कारण कम व्यक्ति नहीं है, यह उसके कर्मों और ज्ञान के कारण है। कृपया इसे ध्यान में रखें जब आप पुस्तक को पढ़ते हैं।

ध्यान दें कि सत्रह अध्यायों में रत्न पाए गए हैं, आपको गहरी आँख चाहिए। मैंने उन श्लोकों को उजागर करने की कोशिश की है जो आज भी बहुत प्रासंगिक हैं। लेकिन मैं इस काल में नहीं था, और केवल इतिहास से उस युग में अंतर्दृष्टि प्राप्त कर सकता हूँ, और इसलिए मैं कई जगह गलत हो सकता हूँ।

ध्यान दें:

- किसी भी गलत व्याख्या के लिए पूरी गलती अनुवादक में है, न आचार्य पर।

॥ चाणक्यनीति ॥

- मर्दाना रूप (पुर्लिंग), मनुष्य मानव जाति का प्रतिनिधित्व करने के लिए है।

- किसी भी अशुद्धता के लिए या अगर आपको लगता है कि आगे की विस्तार की आवश्यकता है, तो कृपया मुझे ईमेल करें।

- इस पुस्तक के बारे में पोर्टल पर आपकी प्रतिक्रिया उतना ही महत्वपूर्ण है, इससे मुझे पुस्तक का सही दूसरा संस्करण करने में मदद मिलेगी।

- पुस्तक से आय का न्यूनतम 50% दान दिया जाएगा।

- कई बार कोई उपयुक्त शब्द नहीं है जो अंग्रेजी भाषा में सही शाब्दिक अर्थ का प्रतिनिधित्व कर सकता है। मैंने अपने विचारों को वहां डालकर स्वतंत्रता दी है ।

- उल्लेखनीय श्लोक को हरे रंग के साथ उभारा गया है।

- छवियों केवल क्रिएटिव कॉमन्स लाइसेंस से ही प्राप्त की गई हैं। अगर आपको लगता है कि एट्रिब्यूशन सही नहीं है, तो कृपया एक ईमेल कीजिये।

‖ चाणक्यनीति ‖

FOREWORD

Many a times we have a feeling that the perspective of others is incorrect, there is nothing wrong in it (It means that we are thinking and grasping what is required, i.e. we are doing selective grasp of knowledge). Sometimes we counter it by fighting with it, sometimes we ignore it and sometimes when we are really fresh we try to understand the perspective as to why it is incorrect (can it be because of culture, knowledge timing or the likes. Probably the truth for other is not the truth for me). If we fight with others perspective, we in the process even loose the essentials.

In this book as well, many a times there are references to women and people with low caste. Please think about the time when it was written. During that period

- Women had no opportunities to learn.
- Life expectancy of women may be around 25 -30 years.
- There was monarchy, so if the king is corrupt and gullible the whole kingdom will be so. This is due to the law of survival of the fittest.
- The brothels were legal and omnipresent.
- There was an atmosphere of enmity between kingdoms, one was the infighting the second was the external danger, prevalent being the one from Alexander the Great.
-

Acharya has made revelation that low person is not a low person because of his caste, it's because of his deeds and knowledge. Please keep this into mind when you read the book.

Note that there are gems to be picked throughout the seventeen chapters, you should have a keen eye. I have tried to highlight some of the shloka's which are controversial OR not very relevant in today's times. But again, I was not in the period, and can only get insight into that era by the history books.

Note:

- For any wrong interpretation, the whole fault lies in the translator, not on Acharya.
- The masculine forms he and man is meant to represent the human race (irrespective of gender).
- For any inaccuracies or if you feel there is a need for further elaboration, please drop and email to me.
- Your feedback on the portal about this book is equally important, this would help me have the proper second edition of the book.
- A minimum 50% of the earnings from the book would be put to charity.
- Many a times there is no appropriate word which can represent the exact literal meaning in English language. I have taken liberty to put my thoughts there and put this in my words. As an example Brahmin is not a priest, the equivalent of Brahmin should be a knowledgeable and wise person in context of this book.
- Notable Shloka's are highlighted with Green Background.
- Attributes of all the images taken are given and only creative commons licensed images are sourced. If you feel there is missing attribution, please raise your concern in an email.

॥ चाणक्यनीति ॥

BIOGRAPHY SUCCIENTLY

Chanakya (350 – 275 BCE) was an Indian teacher, philosopher, economist, jurist and royal advisor. He is traditionally identified as Kautilya or Vishnu Gupta, who authored the ancient Indian political treatise, the Arthashastra (Economics). As such, he is considered as the pioneer of the field of political science and economics in India, and his work is thought of as an important precursor to classical economics. His works were lost near the end of the Gupta Empire and not rediscovered until 1915. Originally a professor of economics and political science at the ancient university of Taxila, Chanakya managed the first Mauryan emperor

॥ चाणक्यनीति ॥

Chandragupta's rise to power at a young age. He is widely credited for having played an important role in the establishment of the Maurya Empire, which was the first empire in archaeologically recorded history to rule most of the Indian subcontinent. Chanakya served as the chief advisor to both emperors Chandragupta and his son Bindusara.

There are multiple versions of his rise to power, the recurring theme is indicated below:
The King Dhana Nanda insults Chanakya, prompting Chanakya to swear revenge and destroy the Nanda Empire. Chanakya searches for one worthy successor to the Nanda and finds the young Chandragupta Maurya. With the help of some allies, Chanakya and Chandragupta bring down the Nanda empire, often using manipulative and secretive means.

चाणक्य (350 - 275 ईसा पूर्व) एक भारतीय शिक्षक, दार्शनिक, अर्थशास्त्री, न्यायिक और शाही (राज पुरोहित) सलाहकार थे। पारंपरिक रूप से उन्हें कौटिल्य या विष्णु गुप्त के रूप में पहचाना जाता है, जिन्होंने प्राचीन भारतीय राजनीतिक ग्रंथ, अर्थशास्त्र को लिखा था। इस तरह, उन्हें भारत में राजनीति विज्ञान और अर्थशास्त्र के क्षेत्र के अग्रणी माना जाता है, और उनके काम को शास्त्रीय अर्थशास्त्र के लिए महत्वपूर्ण और अग्रदूत माना जाता है। उनका काम गुप्त साम्राज्य के अंत में खो गया था और 1915 तक फिर से नहीं खोजा गया था।
मूलतः तक्षिला के प्राचीन विश्वविद्यालय में अर्थशास्त्र और राजनीति विज्ञान के शिक्षक, चाणक्य ने मौर्य सम्राट चंद्रगुप्त

॥ चाणक्यनीति ॥

का सत्ता में उदय किया। मौर्य साम्राज्य की स्थापना में एक महत्वपूर्ण भूमिका निभाने के लिए उन्हें व्यापक रूप से श्रेय दिया जाता है, जो भारतीय पुरातत्वविदों के अनुसार अधिकांश राज्यों पर शासन करने वाला पहला साम्राज्य था। चाणक्य ने चंद्रगुप्त और उनके बेटे बिंदुसार दोनों सम्राटों के मुख्य सलाहकार के रूप में सेवा की।

सत्ता में उनकी वृद्धि के कई संस्करण हैं, निम्नलिखित उसका सार है:
राजा धनानंद ने चाणक्य का अपमान किया, चाणक्य को बदला लेने और नंद साम्राज्य को नष्ट करने के लिए प्रेरित किया। चाणक्य नंद के राज्य को समाप्त करके उसकी जगह एक दूसरे को राज्य देना चाहते हैं और इसके लिए एक उत्तराधिकारी के लिए खोज करते हैं, इस दौरान उन्हें युवा चंद्रगुप्त मौर्य को पाता है। कुछ सहयोगियों की मदद से, चाणक्य और चंद्रगुप्त नंद साम्राज्य को नष्ट करते हैं, इसके लिए वे कूटनीति और गुप्त साधनों का उपयोग करते हैं।

ROLE IN THE FALL OF THE NANDA EMPIRE

Chanakya and Chandragupta have been credited with defeating the powerful Nanda Empire and establishing the new Maurya Empire.
Mudrarakshasa ("The Signet of the Minister"), a play dated variously from the late 4th century to the early 8th century, narrates the ascent of Chandragupta Maurya to power: Sakatala, an unhappy royal minister, introduced Chanakya to the Nanda king, knowing that Chanakya would not be treated well in the court. Insulted at the court, Chanakya untied the sikha (lock of hair) and swore that he would not tie it

॥ चाणक्यनीति ॥

back till he destroyed the Nanda kingdom. According to Mudrarakshasa, Chandragupta was the son of a royal concubine named Mura and spent his childhood in the Nanda palace. Chanakya and Chandragupta signed a pact with Parvataka (identified with King Porus by some scholars) of north-west India that ensured his victory over the Nanda empire. Kingdom of Nepal provided safe sanctuary to the followers of Chanakya during his operations. Their combined army had Shaka, Yavana (Greek), Kirata, Kamboja and Vahlik soldiers. Following their victory, the territories of the Nanda empire were divided between Parvataka and Chanakya's associate Chandragupta. However, after Parvataka's death, his son Malayaketu sought control of all the former Nanda territories. He was supported by Rakshasaa, the former Nanda minister, several of whose attempts to kill Chandragupta were foiled by Chanakya. As part of their game plan, Chanakya and Chandragupta faked a rift between themselves. As a sham, Chandragupta removed Chanakya from his ministerial post, while declaring that Rakshasa is better than him. Chanakya's agents in Malayaketu's court then turned the king against Rakshasa by suggesting that Rakshasa was poised to replace Chanakya in Chandragupta's court. The activities by Chanakya's spies further widened the rift between Malayaketu and Rakshasa. His agents also fooled Malayaketu into believing that five of his allies were planning to join Chandragupta, prompting Malayaketu to order their killings. In the end,

॥ चाणक्यनीति ॥

Rakshasa ends up joining Chandragupta's side, and Malayaketu's coalition is completely undone by Chanakya's strategy.

नंद साम्राज्य के नाश में भूमिका

चाणक्य और चंद्रगुप्त को शक्तिशाली नंद साम्राज्य को पराजित करने और नए मौर्य साम्राज्य की स्थापना के साथ श्रेय दिया गया है। मुद्राराक्षस, चौथी शताब्दी से लेकर आठवीं शताब्दी (इसा पूर्व) तक का विविधता से वर्णित एक नाटक है जो चंद्रगुप्त मौर्य के सम्राट बनाने की कथा बताता है: एक नाखुश शाही मंत्री सकतला ने नंद राजा के सामने चाणक्य को पेश किया, यह जानकर कि चाणक्य का राज्य सभा मैं अपमान होना निश्चित है। सभा में अपमानित, चाणक्य ने अपनी शिखा को खोल दिया और शपथ ली कि वह जब तक नंद साम्राज्य को नष्ट नहीं करेंगे, तब तक इसे नहीं बाधेंगे। मुद्राक्षस के अनुसार, चंद्रगुप्त मुरा नाम की एक शाही दासी (उपस्त्री) के पुत्र थे और उन्होंने अपने बचपन को नंद महल में बिताया था। चाणक्य और चंद्रगुप्त ने उत्तर-पश्चिम भारत के राजा पर्वतका (कुछ विद्वानों द्वारा राजा पोरस के साथ) के साथ एक संधि पर हस्ताक्षर किए, जो नंद साम्राज्य पर अपनी जीत सुनिश्चित करने का जरिया था। नेपाल ने चाणक्य के अनुयायियों के लिए सुरक्षित अभयारण्य प्रदान किया। उनकी संयुक्त सेना में शाका, यवाना (ग्रीक), किरात, कंबोज़ा और वाहलिक सैनिक थे। उनकी जीत के बाद, नंद साम्राज्य के राज्यक्षेत्रों को पर्वतका और चंद्रगुप्त के साथ विभाजित किया गया था। हालांकि, पर्वतका की मृत्यु के बाद, उनके बेटे मलैकेतु ने नंद के सभी प्रदेशों पर नियंत्रण की मांग की। मलैकेतु को नंद के पूर्व मंत्री राक्षस ने समर्थन दिया था, जिन्होंने चंद्रगुप्त को मारने के कई प्रयास किये जिसे चाणक्य ने नाकाम किया।

॥ चाणक्यनीति ॥

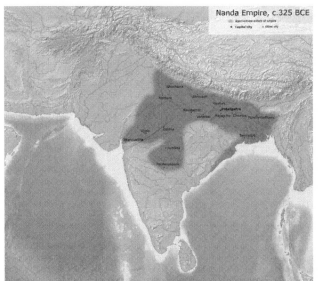

अपने योजना के रूप में, चाणक्य और चंद्रगुप्त ने स्वयं के बीच दरार/टकराव का नाटक किया। इस नाटक मैं, चंद्रगुप्त ने अपने मंत्री पद से चाणक्य को हटा दिया, जबकि यह घोषित किया कि राक्षस उसके मुकाबले बेहतर है। मलैकेतु की राज्य सभा में चाणक्य के गुप्तचरों ने राक्षस को चंद्रगुप्त के राज्यसभा में चाणक्य की जगह लेने के लिए तैयार होने झूठ फैला दिया। चाणक्य के गुप्तचरों की गतिविधियों ने मलयकेत्तु और राक्षस के बीच के दरार को और अधिक बढ़ा दिया। उनके गुप्तचरों ने मलयकेतु को विश्वास दिलाया कि उनके पांच सहयोगी चंद्रगुप्त की सभा में शामिल होने की योजना बना रहे थे, मलयकेतु ने उनकी हत्याओं का आदेश दिया। अंत में, राक्षस चंद्रगुप्त के पक्ष में शामिल हो जाते हैं, और मलयकेतु का गठबंधन पूरी तरह चाणक्य की रणनीति के द्वारा ध्वस्त हो जाता है।

|| चाणक्यनीति ||

AFTER THE ESTABLISHMENT OF THE MAURYA EMPIRE

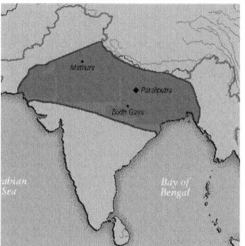

Chanakya continued to serve as an advisor to Chandragupta after the establishment of the Maurya Empire. According to a popular legend mentioned in Jain texts, Chanakya used to add small doses of poison to the food eaten by Emperor Chandragupta Maurya (mithridatism) in order to make him immune to the poisoning attempts by the enemies. Unaware, Chandragupta once fed some of his food to his queen, Durdhara, who was seven days away from delivery. The queen, not immune to the poison, collapsed and died within a few minutes. In order to save the heir to the throne, Chanakya cut the queen's belly open and extracted the foetus just as she died. The baby was named Bindusara, because he was touched by a drop (bindu) of blood having poison. Chanakya served as an advisor to Bindusara for some years.

॥ चाणक्यनीति ॥

अशोक स्तम्भ पर ब्राह्मी लिपि /Brahmi Lipi on Ashoka pillar Sarnath

मौर्या साम्राज्य की स्थापना के बाद

चाणक्य ने मौर्य साम्राज्य की स्थापना के बाद चंद्रगुप्त के सलाहकार के रूप में सेवा जारी रखा। जैन ग्रंथों में वर्णित लोकप्रिय किंवदंती के अनुसार, चाणक्य सम्राट चंद्रगुप्त मौर्य द्वारा खाए गए भोजन मैं विष मिलाने के प्रयासों से चिंतित थे. इससे चन्द्रगुप्त को बचने के लिए उन्होंने एक उपाय किया, वे चन्द्रगुप्त के भोजन मैं विष (जहर) की एक बहुत छोटी खुराक मिलाने लगे (जिससे चन्द्रगुप्त विषहर हो जायें)। इससे अनजान, चंद्रगुप्त ने एक दिन अपनी रानी दुरधारा को अपने पात्र से कुछ भोजन खिलाया, जीना प्रसव सात दिन बाद का था। रानी कुछ ही मिनटों में मर गयी। सिंहासन के उत्तराधिकारी को बचाने के लिए, चाणक्य ने रानी के पेट को काट दिया और भ्रूण को निकाला. जब वह मर गई बच्चे को बुंदुसारा नाम दिया गया था, क्योंकि वह एक बूंद (बिन्दु) खून जिसमें विष था उसके द्वारा छुआ हुआ था। चाणक्य ने कुछ वर्षों से बिंदुसारा के सलाहकार के रूप में सेवा की।

॥ चाणक्यनीति ॥

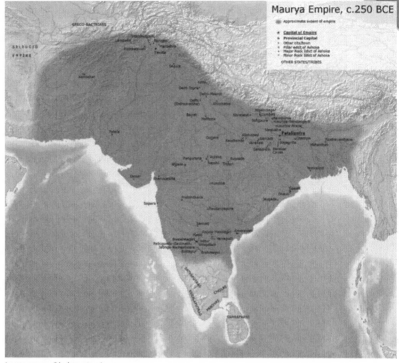

Maurya Empire, c.250 BCE

Image source (kind courtesy)
https://en.wikipedia.org/wiki/File:Maurya_Empire,_c.250_BCE_2.png
Under license
Creative Commons Attribution-Share Alike 3.0 Unported

DEATH

According to one legend, Chanakya retired to the jungle and starved himself to death. According to another legend mentioned by the Jain writer Hemachandra, Chanakya died as a result of a conspiracy by Subandhu, one of Bindusara's ministers. Subandhu, who did not like Chanakya, told Bindusara that Chanakya was responsible for the murder of his mother. Bindusara asked the nurses, who confirmed the story of his birth. Bindusara was horrified and enraged. When Chanakya, who was an old man by this time, learned that the King was angry

॥ चाणक्यनीति ॥

with him, he decided to end his life. In accordance with the Jain tradition, he decided to starve himself to death. By this time, the King had found out the full story which was that Chanakya was not responsible for his mother's death, which was an accident. He asked Subandhu to convince Chanakya to give up his plan to kill himself. However, Subandhu instead conducted a ceremony for Chanakya only to burn him alive.

मृत्यु

एक किंवदंती के अनुसार, चाणक्य वानप्रस्थ के बाद उन्होंने देह त्याग के लिए भोजन लेना बंद कर दिया और इससे उनकी मृत्यु हुई। जैन लेखक हेमचंद्र द्वारा लिखे गई एक अन्य कथा के अनुसार, चाणक्य का निधन सुबंधु की एक षड्यंत्र के कारण मृत्यु हो गया, सुबंधु बिन्दुसार का एक मंत्री था। सुबंधु, जिसे चाणक्य पसंद नहीं था, ने बिंदुसारा को बताया कि चाणक्य उनकी मां की हत्या के लिए जिम्मेदार था। बिंदुसारा ने जब अपनी जन्म की कहानी की पुष्टि की तब वे बहुत क्रोधित हुए। जब चाणक्य (जो अब बूढ़े हो चले थे) को इसका पता चला कि राजा उसके साथ गुस्से में थे, तब उन्होंने अपना जीवन समाप्त करने का फैसला किया। जैन परंपरा के अनुसार, उन्होंने खुद को मौत के लिए भूखा रखने का फैसला किया। इस समय तक, राजा ने पूरी कहानी जान ली थी, जिससे उन्हें पता चला की चाणक्य उनकी मां की मृत्यु के लिए जिम्मेदार नहीं थे, और यह एक दुर्घटना थी। उन्होंने सुबंधु से चाणक्य को खुद को मारने की अपनी योजना को छोड़ने के लिए मानाने को कहा। लेकिन सुबंधु ने चाणक्य के लिए एक समारोह का आयोजन किया जहाँ उन्हें ज़िंदा जलवा दिया।

॥ चाणक्यनीति ॥

बोधिसत्व पद्मपाणि अजंता केव /Bodhisattva Padmapani Ajanta Cave

॥ चाणक्यनीति ॥

LEGACY

Chanakya is regarded as a great thinker and diplomat in India. Many Indian nationalists regard him as one of the earliest people who envisaged the united India spanning the entire subcontinent. India's former National Security Advisor Shiv Shankar Menon praised Chanakya's Arthashastra for its clear and precise rules which apply even today. Furthermore, he recommended reading of the book for broadening the vision on strategic issues.

The diplomatic enclave in New Delhi is named Chanakyapuri in honour of Chanakya. Institutes named after him include Training Ship Chanakya, Chanakya National Law University and Chanakya Institute of Public Leadership. Chanakya circle in Mysore has been named after him.

विरासत

चाणक्य को भारत में एक महान विचारक और राजनयिक के रूप में माना जाता है कई भारतीय राष्ट्रवादी उन्हें उन सबसे पहले लोगों में से एक माना करते हैं जिन्होंने पूरे उपमहाद्वीप में एकजुट भारत की कल्पना की थी। भारत के पूर्व राष्ट्रीय सुरक्षा सलाहकार शिवशंकर मेनन ने अपने स्पष्ट और सटीक नियमों के लिए चाणक्य के अर्थशास्त्र की प्रशंसा की और कहा के उनके लेख आज भी प्रासंगिक हैं। इसके अलावा, उन्होंने रणनीतिक मुद्दों पर दृष्टि को व्यापक बनाने के लिए पुस्तक को पढ़ने की सिफारिश की।

नई दिल्ली में राजनयिक एन्क्लेव का नाम चाणक्यपुरी है जो चाणक्य के सम्मान में है। उसके बाद नामित संस्थानों में; चाणक्य ट्रेनिंग शिप, चाणक्य नेशनल लॉ युनिवर्सिटी और चाणक्य इंस्टीट्यूट ऑफ पब्लिक लीडरशिप शामिल हैं। मैसूर में चाणक्य सर्कल का नाम भी उनके नाम पर है।

॥ चाणक्यनीति ॥

॥ चाणक्यनीति ॥

अध्याय/Chapter 1

श्लोक 1

प्रणम्य शिरसा विष्णुं त्रैलोक्याधिपतिं प्रभुम्।

नाना शास्त्रोद्धृतं वक्ष्ये राजनीति समुच्चयम्।।

After bowing reverently to lord Vishnu the protector of the three worlds. I present to you "Rajneeti Samuchay", which is the extract of knowledge from different Shastras (ancient hindu books of knowledge).

तीन विश्व के रक्षक, भगवान विष्णु को आदरपूर्वक झुकने के बाद मैं आपको "राजनीती समुच्चय" प्रस्तुत करता हूं, जो विभिन्न शास्त्रों (ज्ञान की प्राचीन हिंदू पुस्तकों) से ज्ञान का उद्धरण है।

The original name of this book was "Rajneeti Samuchay", which is widely renowned as "Chanakya Niti"

श्लोक 2

अधीत्येदं यथाशास्त्रं नरो जानाति सत्तमः।

धर्मोपदेशविश्यातं कार्याऽकार्याशुभाशुभम्।।

॥ चाणक्यनीति ॥

The one who reads and understands it completely, and hence knows good deed versus bad deed. That man is considered knowledgeable.

वह जो इसे पूरी तरह से पढ़ता और समझता है, और इसलिए शुभ / अशुभ कार्य जानता है। उस व्यक्ति को श्रेष्ठ और ज्ञानी माना जाता है।

श्लोक 3

तदहं सम्प्रवक्ष्यामि लोकानां हितकाम्यया।

येन विज्ञान मात्रेण सर्वज्ञत्वं प्रपद्यते।।

Hence for the general good of public, I will say that whose words which gives us the complete knowledge.

इसलिए सभी के हित के लिए, मैं उन शब्दों को कहूंगा जो सभी को पूर्ण ज्ञान देते हैं।

श्लोक 4

मूर्खशिष्योपदेशेन दुष्टास्त्रीभरणेन च।

दुःखितैः सम्प्रयोगेण पण्डितोऽप्यवसीदति।।

Giving instructions (preaching) to a stupid pupil, taking care of a wicked wife and excessive familiarity with the miserable; This will result in grief even for a wise person.

एक मूर्ख शिष्य को उपदेश देना, एक दुष्ट पत्नी की देखभाल करना और दुखी लोगों के साथ अत्यधिक परिचित होना; यह एक बुद्धिमान व्यक्ति के लिए भी दुःख का कारण होगा।

|| चाणक्यनीति ||

श्लोक 5

माता यस्य गृहे नास्ति भार्या चाप्रियवादिनी।

अरण्यं तेन गन्तव्यं यथारण्यं तथा गृहम्।।

One who doesn't have mother and whose wife is not polite, why should he go to forest. For him the house is same as forest.

जिसकी मां नहीं है और जिसकी पत्नी (भार्या) विनम्र नहीं है, उसे वन (अरण्य) में क्यों जाना चाहिए। उसके लिए घर वन के समान है।

श्लोक 6

दुष्टा भार्या शठं मित्रं भृत्यश्चोत्तरदायकः।

ससर्पे गृहे वासो मृत्युरेव न संशयः।।

Living with a wicked wife, deceitful friend, impolite servant and snake may soon become fatal. There is no doubt in this.

एक दुष्ट पत्नी, धोखेबाज दोस्त, अभद्र नौकर और सांप के साथ रहना जल्द ही घातक हो सकता है। इसमें कोई संदेह (संशय) नहीं है।

श्लोक 7

आपदर्थे धनं रक्षेद् दारान् रक्षेद् धनैरपि।

आत्मानं सततं रक्षेद् दारैरपि धनैरपि।।

॥ चाणक्यनीति ॥

Man should save money for difficult times. Should sacrifice money for wife. But when it comes to self, he should sacrifice money and wife for saving himself. (Please note that these words were said in a time of danger where death was lurking all the time. The life expectancy probably was around 25-30 years).

मनुष्य को मुश्किल समय के लिए पैसा (धन) संचय करना चाहिए। पत्नी के लिए पैसा बलिदान करना चाहिए। लेकिन जब स्वयं की बात आती है, तो उसे खुद को बचाने के लिए पैसा और पत्नी का बलिदान करना चाहिए (कृपया ध्यान दें कि इन शब्दों को खतरे के समय कहा गया था जहां मृत्यु करीब थी। जीवन प्रत्याशा शायद लगभग 25-30 वर्ष थी।)

ॐ श्लोक 8

आपदर्थे धनं रक्षेच्छ्रीमतांकुतः किमापदः।

कदाचिच्चलिता लक्ष्मी संचिताऽपि विनश्यति।।

One must save money for bad days. Even your accumulated money can be destroyed in no time. But even then we must save money. The flight of goddess Lakshmi (god of fortune) is unpredictable.

बुरे दिनों के लिए पैसे बचाने चाहिए, आपके संचित धन भी आपको छोड़ सकते हैं लेकिन फिर भी हमें पैसे बचाने चाहिए। देवी लक्ष्मी की उड़ान अप्रत्याशित है।

ॐ श्लोक 9

यस्मिन् देशे न सम्मानो न वृत्तिर्न च बान्धवाः।

न च विद्यागमोऽप्यस्ति वासस्तत्र न कारयेत्।।

॥ चाणक्यनीति ॥

Don't live in a place where there is no respect, no means of living, no friends and no learning possible.

ऐसे जगह पर न रहें जहां सम्मान नहीं है, रोजगार नहीं, कोई दोस्त नहीं और विद्या संभव नहीं है।

श्लोक 10

धनिकः श्रोत्रियो राजा नदी वैद्यस्तु पञ्चमः।

पञ्च यत्र न विद्यन्ते न तत्र दिवसे वसेत।।

If these five kinds of people

1) Rich people

2) Knowledgable brahmins

3) King

4) River

5) Doctor

are not present in a place. We should not dwell in such place even for a day.

अगर ये पांच प्रकार के जन (लोग)

1) अमीर लोग (धनिक)

2) जानकार ब्राह्मण (वेद के जानकार)

3) राजा

4) नदी

5) वैद्य

॥ चाणक्यनीति ॥

एक देश में मौजूद नहीं हैं, हमें एक दिन के लिए भी ऐसी जगह पर नहीं रहना चाहिए।

श्लोक 11

लोकयात्रा भयं लज्जा दाक्षिण्यं त्यागशीलता।

पञ्च यत्र न विद्यन्ते न कुर्यात्तत्र संगतिम्।।

1) Livelihood

2) Fear (of punishment on wrongdoing)

3) Shame

4) Dexterity

5) Nature of giving (alms).

Where the above 5 are missing, we should not mingle with people of that place.

1) आजीविका

2) भय (गलत काम पर दंड का भय)

3) शर्म

4) निपुणता

5) देने (दान) की प्रकृति

जिस जगह यह पांच नहीं हैं, हमें उस जगह के लोगों के साथ मेल मिलाप नहीं रखना चाहिए।

श्लोक 12

जानीयात्प्रेषणेभृत्यान् बान्धवान्व्यसनाऽऽगमे।

मित्रं याऽऽपत्तिकालेषु भार्या च विभवक्षये।।

॥ चाणक्यनीति ॥

1) Servant when he does his work diligently.

2) Relatives in the time of distress

3) Friends at the time of need.

4) Wife when man becomes poor.

These are the times when we know the real character of people.

1) दास जब वह अपने काम को मेहनत से करता है

2) संकट के समय में रिश्तेदार

3) ज़रूरत के समय दोस्तों

4) पत्नी जब आदमी गरीब हो जाता है

ये ऐसे समय होते हैं जब हम लोगों के वास्तविक चरित्र को जानते हैं।

श्लोक 13

आतुरे व्यसने प्राप्ते दुर्भिक्षे शत्रुसण्कटे।

राजद्वारे श्मशाने च यात्तिष्ठति स बान्धवः।।

In the time of crisis, in time of need, during famine, threat from enemies, going to king or going to crematorium (last rites). During these time the person who is with you, is your real friend.

संकट के समय, ज़रूरत के समय, अकाल के दौरान, दुश्मनों से संकट के समय, राजा के पास जाने या श्मशान जाने के समय

॥ चाणक्यनीति ॥

(अंतिम संस्कार)। इस दौरान वह व्यक्ति जो आपके साथ है, वह आपका असली मित्र है।

श्लोक 14

योध्रुवाणि परित्यज्य ह्यध्रुवं परिसेवते।

ध्रुवाणि तस्य नश्यन्ति चाध्रुवं नष्टमेव तत्।।

One who forsakes certain things (which are definitely his), for uncertain things. He loses his certain things and the uncertain was lost anyways.

Essentially Acharya is saying, a bird in hand is better than two in bushes.

जो निश्चित वस्तुओं को त्याग देता है, अनिश्चित वस्तुओं के लिए। वह अपनी निश्चित चीजों को खो देता है और अनिश्चित तो पहले से ही उसका नहीं था।

मूलतः आचार्य कह रहे हैं, हाथ में एक पक्षी झाड़ियों में दो से बेहतर है।

श्लोक 15

वरयेत्कुलजां प्राज्ञो निरूपामपि कन्यकाम्।

रूपवतीं न नीचस्य विवाहः सदृशे कुले।।

A wise man marries a woman of reputed family even when she is ugly and not a beautiful woman from a bad family. Marriage is best suited when it's between equal families.

॥ चाणक्यनीति ॥

Acharya means that the marriage is not only between individuals but between families as well. So it's best that the families suit each other.

एक बुद्धिमान व्यक्ति प्रतिष्ठित परिवार की एक महिला से शादी कर लेता है, भले ही वह बदसूरत हो। विवाह सबसे अनुकूल है जब यह समान परिवारों के बीच होता है

आचार्य का तात्पर्य है कि शादी केवल व्यक्तियों के बीच ही नहीं बल्कि परिवारों के बीच भी है। तो यह सबसे अच्छा है कि परिवार एक-दूसरे के अनुरूप हों।

ॐ श्लोक 16

नखीनां च नदीनां च शृङ्गीणां शस्त्रपाणिनाम्।

विश्वासो नैव कर्तव्यः स्त्रीषु राजकालेषु च।।

Rivers, man with arms, animals with paws and horns, women and members of royal family should never be trusted.

नदियों, हथियार वाले आदमी, पंजे और सींग वाले जानवर, महिलाएं और शाही परिवार के सदस्यों को कभी भरोसा नहीं करना चाहिए।

ॐ श्लोक 17

विषादप्यमृतं ग्राह्यममेध्यादपि काञ्चनम्।

नीचादप्युत्तमां विद्यां स्त्रीरत्नं दुष्कुलादपि।।

॥ चाणक्यनीति ॥

Take amrut (the potion giving everlasting life) from poison, take gold from garbage, take knowledge from a mean person, take a virtuous girl from a disrespectable family. Acharya means that there is purity in the utmost dirty place and we should not hesitate to take it.

ज़मीन से अमृत (अनंत जीवन प्रदान करने वाला औषधि) ले लो, कचरा से सोने ले लो, एक साधारण व्यक्ति से ज्ञान ले लो, एक अप्रिय परिवार से एक सच्ची लड़की ले लो। आचार्य का मतलब है कि गंदी जगह में पवित्रता है और हमें इसे लेने में संकोच नहीं करना चाहिए।

ॐ **श्लोक 18**

स्त्रीणां द्विगुण अहारो लज्जा चापि चतुर्गुणा।

साहसं षड्गुणं चैव कामश्चाष्टगुणः स्मृतः।।

Women have two times the appetite, four times shyness, six times courage and eight times more lust.

Please especially note the courage part, there are many instances (specially when it comes to their child) the women have shown extreme courage. A non-swimmer woman jumping in deep sea to save her child. Bravery of Kittur Rani Chennamma OR Rani Lakshibai are known to all.

महिलाओं की भूख दो गुना, चार गुना शर्म, छह गुना साहस और आठ गुना अधिक वासना होती है।

॥ चाणक्यनीति ॥

कृपया विशेष रूप से साहस का हिस्सा ध्यान दें, कई उदाहरण हैं (विशेषकर जब उनके बच्चे की बात आती है) महिलाओं ने चरम साहस दिखाए हैं, अपने बच्चे को बचाने के लिए गहरे समुद्र में कूदने वाली एक महिला जिसे तैराकी भी नहीं आती, कितुर रानी चेनममी या रानी लक्ष्बी की बहादुरी के किस्से सभी को पता हैं ।

एलोरा में कैलाश मंदिर/Kailasha temple at ellora

॥ चाणक्यनीति ॥

अध्याय/Chapter **2**

श्लोक 1

अनृतं साहसं माया
मूर्खत्वमतिलोभिता।

अशौचत्वं निर्दयत्वं स्त्रीणां दोषाः
स्वभावजाः।।

Telling lies, starting work without thinking (being rash), guile, foolishness, greed, impiety and cruelty comes naturally to women.

झूठ बोलना, बिना सोचे काम शुरू करना, धोखेबाज़, मूर्खता, लालच, अधर्म और क्रूरता महिलाओं के लिए स्वाभाविक रूप से आती है।

श्लोक 2

भोज्यं भोजनशक्तिश्च रतिशक्तिर वराङ्गना।

विभवो दानशक्तिश्च नाऽल्पस्य तपसः फलम्।।

Good food and suitable hunger; beautiful virtuous wife and rati-shakti ("virile power"); abundance and equally charitable character. All these traits are fruits of no ordinary austerities.

Acharya here refers to the law of karma (as you sow, so shall you reap), you do good and you get good (if you think it's similar to law of newton every action has an equal and opposite reaction).

॥ चाणक्यनीति ॥

When a bird is alive, it eats ants. When a bird is dead, ants eat the bird. So, time can turn at any time, don't devalue anyone in life. You may be powerful but time is more powerful than you. "One tree makes one thousand of match sticks, but one match stick can burn one thousand trees".

अच्छा भोजन और उपयुक्त भूख; सुंदर पुण्य पत्नी और रती-शक्ति; बहुतायत और समान रूप से धर्मार्थ चरित्र, इन सभी गुणों में की प्राप्ति सामान्य तपस्या से नहीं होती है

आचार्य यहां कर्म के कानून को संदर्भित करते हैं (जैसा कि आप बोते हैं, वैसा ही आप काटोगे), आप अच्छा करते हैं और आपके साथ अच्छा होता है ।

जब एक पक्षी जीवित है, तो वह चींटियों को खाती है। जब एक पक्षी मर गया, चींटियों ने पक्षी खा लिया; इसलिए, समय किसी भी समय बदल सकता है, जीवन में किसी को अवमूल्यन न करें; आप शक्तिशाली हो सकते हैं, लेकिन समय आप से अधिक शक्तिशाली है। "एक पेड़ से आप माचिस की हज़ार छड़ियों बना सकते हैं, लेकिन एक माचिस की तिल्ली एक हजार पेड़ को जला सकती है"।

ॐ **श्लोक 3**

यस्य पुत्रो वशीभूतो भार्या छन्दानुगामिनी।

विभवे यस्य सन्तुष्टिस्त स्वर्ग इहैव हि।।

1. Who has an obedient son.

2. Whose wife listens to him, and behaves accordingly.

3. Who is satisfied by his material wealth

The one who has the above three has heaven here on earth.

॥ चाणक्यनीति ॥

1. जिसका आज्ञाकारी पुत्र है।

2. जिसकी पत्नी उसकी बात सुनती है, और तदनुसार व्यवहार करती है।

3. अपनी भौतिक संपत्ति (विभव, वैभव) से संतुष्ट है।

जिसके पास यह तीनों हैं उसके लिए स्वर्ग धरती पर ही है।

श्लोक 4

ते पुत्रा ये पितुर्भक्ताः सः पिता यस्तु पोषकः।

तन्मित्रं यत्र विश्वासः सा भार्या या निवृतिः।।

He is the ideal son who is devoted to his father. He is the ideal father who is taking care (finacially) of his children. He is the ideal friend whom you can trust completely. She is the ideal wife, who is satisfied and happy and whose presence gives you blissful feeling.

भार्या - Wife

निर्वृति - Satisfaction, happiness, pleasure, bliss.

वह आदर्श बेटा है जो अपने पिता को समर्पित है। वह आदर्श पिता हैं जो अपने बच्चों की देखभाल कर रहा है (वित्तीय)। वह आदर्श मित्र है जिस पर आप पूरी तरह से भरोसा कर सकते हैं। वह आदर्श पत्नी है, जो संतुष्ट और खुश है और जिनकी उपस्थिति मैं आपआनंदित महसूस करते हैं ।

श्लोक 5

परोक्षे कार्यहन्तारं प्रत्यक्षे प्रियवादिनम्।

वर्जयेत्तादृशं मित्रं विषकुम्भं पयोमुखम्।।

॥ चाणक्यनीति ॥

Behind you who works to destroy you and in front talks sweetly of you. Such friends are like a pot full of poison and having milk at surface. They should be discarded immediately.

परोक्ष - Indirect, ulterior, backside

आप के पीछे जो आप को नष्ट करने के लिए काम करता है और आपके सामने आपके बारे मैं मीठी बातें करता हो । ऐसे दोस्त ज़हर से भरे हुए बर्तन की तरह होते हैं, जिसके अंदर तो जहर हो और सतह पर दूध हो। उन्हें तुरंत त्याग दिया जाना चाहिए।

ॐ **श्लोक 6**

न विश्वसेत्कुमित्रे च मित्रे चापि न विश्वसेत्।

कदाचित्कुपितं मित्रं सर्वं गुह्यं प्रकाशयेत्।।

Never trust a bad companion nor a good companion or friend for your secrets. If your friendship ever goes, you can be sure that your secrets will also go (not remain secrets).

अपने रहस्यों के लिए कभी भी एक बुरा साथी और न ही एक अच्छा साथी या दोस्त पर भरोसा करें अगर आपकी दोस्ती कभी भी जाती है, तो आप यह सुनिश्चित है कि आपके रहस्य भी जाएंगे (रहस्य नहीं रहेंगे)।

ॐ **श्लोक 7**

मनसा चिन्तितं कार्यं वाचा नैव प्रकाशयेत्।

मन्त्रेण रक्षयेद् गूढं कार्य चापि नियोजयेत्।।

The goals you make in your mind should not be brought to light (disclosed to others). Think of them in your mind and work towards achieving them.

॥ चाणक्यनीति ॥

Please note that this has now been researched and postulated that the goal kept to yourself have more chances of achieving them. There have been some studies done on this and it's observed that "Announcing your plans to others satisfies your self-identity, just enough that you're less motivated to do the hard work needed."

https://www.ted.com/talks/derek_sivers_keep_your_goals_to_yourself

अपने सोचे हुए लक्ष्यों को प्रकाश में नहीं लाया जाना चाहिए (उनके बारे मैं दूसरों को बताया नहीं जाना चाहिए) ; आप उन्हें अपने दिमाग में सोचें और उन्हें प्राप्त करने की दिशा में काम करें।

कृपया ध्यान दें कि अब यह शोध किया गया है और कहा गया है कि लक्ष्य को हासिल करने के लिए उनके पास अधिक संभावनाएं हैं जो लोग इसे साझा नहीं करते। इस पर कुछ अध्ययन किए गए हैं और यह देखा गया है कि "दूसरों को अपनी योजनाओं की घोषणा करने से आपको तृप्ति की अनुभूति होती है, और आपके लक्षय का ग्रास होता है ।"

श्लोक 8

कष्टं च खलु मूर्खत्वं कष्ट च खलु यौवनम्।

कष्टात्कष्टतरं चैव परगृहेनिवासनम्।।

Foolishness is painful and so is youth. But the most painful is to stay at others place (i.e. to live on somebody's mercy or alms is very painful).

बेवकूफी दर्दनाक है और यौवन भी दर्दनाक है। लेकिन सबसे दर्दनाक किसी और पर आश्रित होकर उसके स्थान पर रहना है (यानी किसी की दया या भत्तों पर रहने से ज्यादा दर्दनाक कुछ नहीं है)।

श्लोक 9

॥ चाणक्यनीति ॥

शैले शैले न माणिक्यं मौक्तिकं न गजे गजे।

साधवो न हि सर्वत्र चन्दनं न वने वने।।

Precious stones are not there in all mountains, all elephants are not decorated with pearls, sages are not found everywhere and not all forests have sandal wood trees.

सभी पहाड़ों में कीमती पत्थर नहीं हैं, सभी हाथियों को मोती से सजाया नहीं जाता है, साधु हर जगह नहीं मिलते हैं और सभी जंगलों में चन्दन के पेड़ नहीं होते हैं।

श्लोक 10

पुत्राश्च विविधैः शीलैर्नियोज्या सततं बुधैः।

नीतिज्ञा शीलसम्पन्नाः भवन्ति कुलपूजिताः।।

Intelligent people make their child multitalented and educate them in different skills. This is because people who are knowledgeable and polite they are revered by all.

ज्ञानी अपने बच्चे को बहु विधा संपन्न करते हैं और उन्हें विभिन्न कौशल में शिक्षित करते हैं। इसका कारण यह है कि जो लोग जानकार और विनम्र हैं, उनका सभी सम्मान करते हैं।

श्लोक 11

माता शत्रुः पिता वैरी येनवालो न पाठितः।

न शोभते सभामध्ये हंसमध्ये वको यथा।।

Those parents are enemies of children who doesn't educate them. Because the un-educated in a gathering of educated are same as a crane in the gathering of swans.

॥ चाणक्यनीति ॥

वे माता-पिता बच्चों के दुश्मन हैं, जो उन्हें शिक्षित नहीं करते। क्योंकि शिक्षित लोगों की सभा में अशिक्षित वैसे ही होते हैं जैसे हंसों की सभा में सारस।

श्लोक 12

लालनाद् बहवो दोषास्ताडनाद् बहवो गुणाः।

तस्मात्पुत्रं च शिष्यं च ताडयेन्न तु लालयेत्।।

Punishment and chastisement gives qualities and not over affection. Hence a child and a pupil should be corrected by punishments when needed.

गुण: qualities, character

दंड और अनुशासन गुण प्रदान करती हैं, अत्यंत स्नेह नहीं। इसलिए जरूरत पड़ने पर एक बच्चे और एक छात्र को दंड से सही किया जाना चाहिए।

श्लोक 13

श्लोकेन वा तदर्द्धेन तदर्द्धाऽर्द्धक्षरेण वा।

अबन्ध्यं दिवसं कुर्याद् दानाध्ययनकर्मभि।।

Daily doing knowledge gain, no matter how little it is very important (by reading Shlokas could be one way). A day is made by doing charity and study.

अध्ययन: Study

दान: Donation

ज्ञान प्राप्त करना, चाहे वह कितना सूक्ष्म (छोटा) हो, बहुत महत्वपूर्ण है। दान और अध्ययन से एक दिवस पूर्ण होता है।

श्लोक 14

॥ चाणक्यनीति ॥

कान्तावियोग स्वजनापमानो

ऋणस्य शेषः कुनृपस्य सेवा।

दरिद्रभावो विषया सभा च

विनाग्निमेते प्रदहन्ति कायम्।।

Separation from beloved, insult from knowns, unpaid debts, service to a wicked king, poverty and a gathering of fools. These burn the body without any fire.

कान्ता – wife, beautiful woman

दरिद्र - poor

वियोग - Separation, parting, disunion

ऋण - debt

प्रिय से वियोग, ज्ञात के द्वारा किया गया अपमान, ऋण, एक दुष्ट राजा की सेवा, गरीबी और मूर्खों की सभा ये बिना किसी आग के शरीर को जला देने मैं सक्षम हैं ।

श्लोक 15

नदीतीरे च ये वृक्षाः परगेहेषु कामिनी।

मन्त्रिहीनाश्च राजानः शीघ्रं नश्यन्त्यसंशयम्।।

Tree on a bank of river, woman going to other house, king without ministers (wise counsel). Undoubtedly, they are destroyed soon.

नदी के किनारे पर वृक्ष, दुसरे व्यक्ति के घर मे जाने अथवा रहने वाली स्त्री, बिना मंत्रियों का राजा - निस्संदेह, वे जल्द ही नष्ट हो जाते हैं ।

श्लोक 16

॥ चाणक्यनीति ॥

बलं विद्या च विप्राणां राज्ञाः सैन्यं बलं तथा।

बलं वित्तं च वैश्यानां शूद्राणां च कनिष्ठता।।

A brahmins strength is his knowledge, a king's strength is his army, money is the strength of a Vaishya (merchant community) and service is the strength of a shudra.

विप्र: Brahmin

एक ब्राह्मण शक्ति उसका ज्ञान है, एक राजा की ताकत उसकी सेना है, पैसा वैश्य की ताकत है और सेवा शूद्र की ताकत है।

ॐ श्लोक 17

निर्धनं पुरुषं वेश्यां प्रजा भग्नं नृपं त्यजेत्।

खगाः वीतफलं वृक्षं भुक्तवा चाभ्यागतो गृहम्।।

A prostitute deserts a poor person, the public deserts a powerless king, birds forsake a tree with no fruits and the guests leave the house after food.

एक वेश्या एक गरीब व्यक्ति का त्याग करती है, जनता एक शक्तिहीन राजा का त्याग करती है, पक्षी बिना फलों के एक पेड़ को त्याग देते हैं और मेहमान भोजन के बाद घर छोड़ देते हैं।

ॐ श्लोक 18

गृहीत्वा दक्षिणां विप्रास्त्यजन्ति यजमानकम्।

प्राप्तविद्या गुरुं शिष्याः दग्धारण्यं मृगास्तथा।।

Brahmin leaves the house after taking alms, after taking knowledge the pupil leave the guru, the deers leave the forest if it's burnt. Acharya means that we should move on once the purpose is fulfilled.

॥ चाणक्यनीति ॥

भक्ति लेने के बाद ब्राह्मण घर छोड़ देता है, ज्ञान लेने के बाद छात्र गुरु को छोड़ देता है, आग लगने पर हिरण जंगल छोड़ते हैं । आचार्य का मतलब है कि उद्देश्य पूरा हो जाने पर हमें आगे बढ़ना चाहिए।

॥ॐ॥ ## श्लोक 19

दुराचारी च दुर्दृष्टिर्दुराऽऽवासी च दुर्जनः।
यन्मैत्री क्रियते पुम्भिर्नरः शीघ्र विनश्यति।।

A man with bad conduct, and man with bad vision (eyeing others assets), a man residing in a bad place. Whoever has friendship with people of these traits is doomed.

बुरे आचरण वाला एक आदमी, और बुरे दृष्टि वाला व्यक्ति (अन्य संपत्ति पर नजर रखने वाला), एक बुरे स्थान पर रहने वाला एक आदमी। जो भी इन लक्षणों के लोगों के साथ दोस्ती कर रहे हैं वे बर्बादी की तरफ अग्रसर हैं।

॥ॐ॥ ## श्लोक 20

समाने शोभते प्रीती राज्ञी सेवा च शोभते।
वाणिज्यं व्यवहारेषु स्त्री दिव्या शोभते गृहे।।

Friendship amoung equals, service to the king, behaviour like a trader (how they sweet talk when they have to trade) and a beautiful woman at home. These all always look graceful.

शोभा: Grace

बराबर वालों में मैत्री, राजा की सेवा, एक व्यापारी की तरह व्यवहार (वे कैसे व्यापार करने के लिए मीठी बातें करते हैं) और घर पर एक दिव्य स्त्री । ये सब हमेशा शोभते हैं ।

॥ चाणक्यनीति ॥

॥ चाणक्यनीति ॥
अध्याय/ Chapter 3

श्लोक 1

कस्य दोषः कुले नास्ति व्याधिना को न पीडितः।

व्यसनं केन न प्राप्तं कस्य सौख्यं निरन्तरम्।।

Which family has no dhosha, who is free of all ailments, who never got sorrow in life, who is eternally happy in life.

Acharya in this sholaka means that everyone in this world has some or the other issue, the way to live life is to be happy and enjoy the current circumstances.

व्याधि: Ailment, disease

पीडित: Afflicted, sufferer

कौन से परिवार मैं कोई दोष नहीं है, कौन सभी बीमारियों से मुक्त है, कौन जीवन में कभी दुखी नहीं था, कौन हैं जो जीवन में सदा खुश है।

आचार्य का मतलब है कि इस दुनिया में हर किसी को कुछ दुःख या कठिनाई होती है, जीवन जीने का तरीका खुश रहना है और वर्तमान परिस्थितियों का आनंद लेना है।

श्लोक 2

आचारः कुलमाख्याति देशमाख्याति भाषणम्।

संभ्रमःस्नेहमाख्याति वपुराख्याति भोजनम्।।

Your conduct will tell which family/clan you belong, your speech will tell which country you belong, you hospitality will tell your friendship, and your physique would tell your food intake.

॥ चाणक्यनीति ॥

आचार: Ethics, conduct, manners, morals

कुल: Clan, family, kins

भाषण: Speech, oration

ख्याति: fame, repute

वपु: Body

आपका आचरण यह बताएगा कि आप कौन से कुल / परिवार से हैं, आपका भाषण (बात करने का तरीका) बताएगा कि आप कौन से देश से हैं, आपका आतिथ्य आपकी मैत्री को बताएगा, और आपका शरीर आपके भोजन सेवन को बताएगा ।

शलोक 3

सकुले योजयेत्कन्या पुत्रं पुत्रं विद्यासु योजयेत्।

व्यसने योजयेच्छत्रुं मित्रं धर्मे नियोजयेत्।।

Give daughter in marriage to a good/noble family (clan), put son on the path of knowledge, give misery to enemy and give morally correct advice to a friend.

बेटी को एक अच्छे कुल / परिवार में विवाह करें, पुत्र को ज्ञान के रास्ते पर रख दें, दुश्मन को दुख दें और मित्र को नैतिक रूप से सही सलाह दें।

शलोक 4

दुर्जनेषु च सर्पेषु वरं सर्पो न दुर्जनः।

सर्पो दंशति कालेन दुर्जनस्तु पदे-पदे।।

Between a wicked person and a snake, a snake is less harmful and better. Snake bites only once, but a wicked person causes misery at every step.

॥ चाणक्यनीति ॥

एक दुष्ट व्यक्ति और साँप के बीच, साँप कम हानिकारक और बेहतर है। सर्प केवल एक बार काटता है, लेकिन एक दुष्ट व्यक्ति हर कदम पर दुख देता है।

श्लोक 5

एतदर्थ कुलीनानां नृपाः कुर्वन्ति सङ्ग्रहम्।

आदिमध्यावसानेषु न त्यजन्ति च ते नृपम्।।

Kings collect noble men (keep them in company), A noble person never leaves in the beginning (meaning time of growth), middle (means time of relaxation) and end (meaning time of destruction).

राजा कुलीन पुरुषों को अपने साथ रोकते हैं। इसका कारण यह है , एक कुलीन व्यक्ति शुरुआत में कभी साथ नहीं छोड़ता (शरुआत को विकास का समय भी कहा गया है), बीच (विश्राम का समय) में भी वो साथ नहीं छोड़ता और अंत (विनाश का समय) समय भी वह साथ देता है ।

श्लोक 6

प्रलये भिन्नमर्यादा भवन्ति किल सागराः।

सागरा भेदमिच्छन्ति प्रलयेऽपि न साधवः।।

At the time of holocaust even ocean has a different behavior (it is supposed to be calm). An ocean leaves the boundaries, but the noble man (sadhu) is always the same (in all situations).

प्रलय: holocaust, universal destruction

सागर: ocean, sea

भिन्न: different

|| चाणक्यनीति ||

मर्यादा: dignity, decorum

साधव: sage

प्रलय के समय सागर का व्यवहार भी बदल जाता है (वह शांत नहीं रहता)। एक महासागर प्रलय के समय सीमाएं छोड़ देता है, लेकिन साधु का व्यवहार हमेशा समान होता है (सभी स्थितियों में)।

श्लोक 7

मूर्खस्तु परिहर्तव्यः प्रत्यक्षो द्विपदः पशुः।

भिनत्ति वाक्यशूलेन अदृश्ययं कण्टकं यथा।।

It is good to keep a foolish person at a distance as he is a two legged animal. He pierces with his words in the same way as a walking blind person is pierced by a thorn.

द्वि- Two

पद- Leg

पशु- Animal

किसी मूर्ख व्यक्ति को अपने से दूर रखना ही अच्छा है क्योंकि वह दो पैर वाले जानवर के सामान है । वह अपने शब्दों के साथ उसी तरह छेदता है, जैसे कि चलने पर एक अंधे व्यक्ति को कांटा छेद देता है ।

श्लोक 8

रूपयौवनसम्पन्ना विशालकुलसम्भवाः।

विद्याहीना न शोभन्ते निर्गन्धा इव किंशुकाः।।

Very beautiful/handsome, youthful and born to a noble family but without education. Such a person is useless and unimpressive, same like a palash flower.

॥ चाणक्यनीति ॥

बहुत सुंदर, युवा और एक महान कुल में पैदा हुआ लेकिन शिक्षा के बिना, ऐसा व्यक्ति व्यर्थ और अप्रतिष्ठित है। यह एक पलाश फूल की तरह है (जिसमे कोई सुगंध नहीं होती) ।

श्लोक 9

कोकिलानां स्वरो रूपं नारी रूपं पतिव्रतम्।

विद्या रूपं कुरूपाणां क्षमा रूपं तपस्विनाम्।।

The beauty of a cukoo bird is in its voice, the beauty of a woman is in PatiDharm (being faithful to her husband), the beauty of an ugly person is his knowledge and the beauty of a tapaswi (sage) is in his forgiveness.

एक कोयल पक्षी की सुंदरता इसकी आवाज़ में है, पति धर्म में एक महिला का सौंदर्य है, एक बदसूरत व्यक्ति का सौंदर्य उसका ज्ञान है, और एक तपस्वी (साधु) की सुंदरता उसकी उदारता है।

श्लोक 10

त्यजेदेकं कुलस्यार्थे ग्रामस्यार्थे कुलं त्यजेत्।

ग्रामं जनपदस्यार्थे आत्मार्थे पृथिवीं त्यजेत्।।

It is suitable to leave one person for family, leaving the family/clan for the village, for your state its suitable to leave the village. But for self its good to sacrifice the whole world.

अपने परिवार के लिए किसी व्यक्ति का त्याग करना पड़े तो वो उचित है, अपने गांव के लिए परिवार का त्याग उचित है, अपने जनपद के लिए गांव का त्याग भी उपयुक्त है। लेकिन अपनी सुरक्षा के लिए पूरी दुनिया को त्याग करना भी उचित है ।

॥ चाणक्यनीति ॥

श्लोक 11

उद्योगे नास्ति दारिद्रयं जपतो नास्ति पातकम्।

मौनेन कलहो नास्ति जागृतस्य च न भयम्।।

Starting a business (being enterprising), destroys poverty. Sacred chanting destroys sins. Being quite destroys discord, being awake destroy all fears.

कलह – Strife, fray, discord, quarrel

व्यवसाय शुरू करना (उद्यमी होना) गरीबी को नष्ट कर देता है; पवित्र जप पापों को नष्ट करता है; शांत रहना विवाद को नष्ट कर देता है, जागते रहने से सभी भय नष्ट हो जाते हैं।

श्लोक 12

अति रूपेण वै सीता चातिगर्वेण रावणः।

अतिदानाद् बलिर्बद्धो ह्यति सर्वत्र वर्जयेत्।।

Being utterly beautiful led to Sita's kidnap, being excessive proud lead to Ravan's destruction, being utmost charitable was detrimental to Bali. Hence the abundance/excessiveness of anything is bad.

बेहद खूबसूरत होने के कारण सीता का अपहरण हो गया, बेहद गर्व के कारण रावण का विनाश हो गया, अत्यधिक धर्मार्थ होने के कारण बाली को छति हुई। इसलिए किसी चीज की बहुतायत / अति बुरी है ।

श्लोक 13

को हि भारः समर्थानां किं दूर व्यवसायिनाम्।

को विदेश सुविद्यानां को परः प्रियवादिनम्।।

॥ चाणक्यनीति ॥

For a competent person there is no burden, for a businessman nothing is far, for a knowledgable persons there is no foreign country, and for a politely speaking person nobody is alien.

एक सक्षम व्यक्ति के लिए कोई भी बोझ नहीं है, किसी व्यवसायी के लिए कुछ भी दूर नहीं है (वे अपने काम से दूर देश जाते हैं), ज्ञानी व्यक्ति के लिए कोई विदेश नहीं है (विदेश भी कुछ समय में उसका देश हो जाता है), और विनम्रता से बोलने वाले व्यक्ति के लिए कोई पराया नहीं है।

श्लोक 14

एकेनापि सुवर्ण पुष्पितेन सुगन्धिता।

वसितं तद्वनं सर्वं सुपुत्रेण कुलं यथा।।

With one fragrant tree, the whole forest is filled with fragrance. In the same way from on good son (su-putra), the whole family/clan's name is proudly honored (revered) .

एक सुगंधित पेड़ से पूरे जंगल में खुशबू भर जाती है। उसी तरह से सुपुत्र से पूरे परिवार / कुल का नाम गौरव पाता है।

श्लोक 15

एकेन शुष्कवृक्षेण दह्यमानेन वह्निना।

दह्यते तद्वनं सर्वं कुपुत्रेण कुलं यथा।।

One dry tree in fire can cause the whole forest to burn. In the same way one incompetent and bad son is enough to burn the whole family's name.

॥ चाणक्यनीति ॥

एक सूखा वृक्ष पूरे जंगल को जला देता है। उसी तरह एक अक्षम और कुपुत्र, पूरे परिवार कुल के नाम को जलाने के लिए पर्याप्त है।

श्लोक 16

एकेनापि सुपुत्रेण विद्यायुक्ते च साधुना।

आह्लादितं कुलं सर्वं यथा चन्द्रेण शर्वरी।।

One wise son is enough to bring glory to the whole family, same as one moon is enough to bring light in the night.

एक बुद्धिमान पुत्र पूरे परिवार की महिमा लाने के लिए पर्याप्त है, जैसा कि एक चाँद रात में रोशनी लाने के लिए पर्याप्त है।

श्लोक 17

किं जातैर्बहुभिः पुत्रैः शोकसन्तापकारकैः।

वरमेकः कुलावल्भबो यत्र विश्राम्यते कुलम्।।

What is the use for having many sons which cause sorrow and grief. One son who supports family is enough to give peace and rest to the whole family.

दुःख और दुःख का कारण होने वाले कई बेटों का उपयोग क्या है। परिवार का साथ देने वाला एक बेटा पूरे परिवार को शांति और आराम देने के लिए पर्याप्त है।

श्लोक 18

लालयेत् पञ्चवर्षाणि दशवर्षाणि ताडयेत्।

प्राप्ते तु षोडशे वर्षे पुत्रं मित्रवदाचरेत्।।

Be affectionate to a son till five years, post that chastise him by proper punishments. One he is sixteen years, treat him like your friend.

॥ चाणक्यनीति ॥

पांच साल तक एक बेटे के प्रति प्रेमपूर्ण रहें, उसके बाद जो उचित दंड है उससे उन्हें दंडित करते रहें। जब वह सोलह वर्ष का हो तब उससे पने दोस्त की तरह व्यवहार करें ।

श्लोक 19

उपसर्गेऽन्यचक्रे च दुर्भिक्षो च भयावहे।

असाधुजनसम्पर्के पलायति स जीवति।।

At the time of riot, at the time of attack from enemy, at the time of drought, at the contact of bad company. The one who flees at these times only survives.

दंगा के समय, दुश्मन के हमले के समय, सूखे के समय, खराब संगती के संपर्क में। जो इन समय में भागता है वही अपने प्राणों की रक्षा करता है।

श्लोक 20

धर्मार्थकाममोश्रेषु यस्यैकोऽपि न विद्यते।

जन्म जन्मानि मर्त्येषु मरणं तस्य केवलम्।।

He who could not get the below four

- Dharma (moral knowledge and character)
- Artha (Money or riches)
- Kam (the fulfillment of carnal desires)
- Moksha (eternal liberation from the cycle of life and death).

He got the benefit of being born as a human only in his death.

वह जो नीचे लिखे चार को अपने जीवनकाल में प्राप्त न कर सका

- धर्म (नैतिक ज्ञान और चरित्र)

।। चाणक्यनीति ।।

- अर्थ (धन या धन)

- काम (कामुक इच्छाओं की पूर्ति)

- मोक्ष (जीवन और मृत्यु के चक्र से अनन्त मुक्ति)।

उन्हें अपनी मौत में ही मनुष्य के रूप में पैदा होने का लाभ मिला।

श्लोक 21

मूर्खाः यत्र न पूज्यन्ते धान्यं यत्र सुसञ्चितम्।

दाम्पत्योः कलहो नास्ति तत्र श्री स्वयमागता।।

Where fools are not respected, where food grain is stored properly and not wasted, where married couples don't fight. At these places goddess Lakami (good fortune and wealth) comes automatically.

जहां मूर्खों का सम्मान नहीं किया जाता है, जहां अनाज को ठीक से संग्रहीत किया जाता है और व्यर्थ नहीं किया जाता, जहां विवाहित जोड़े लड़ाई नहीं करते। इन स्थानों पर देवी लक्ष्मी (अच्छा भाग्य और धन) स्वचालित रूप से आता है।

॥ चाणक्यनीति ॥

तक्षशिला /Taxila

॥ चाणक्यनीति ॥
अध्याय/Chapter 4

श्लोक 1

आयुः कर्म वित्तञ्च विद्या निधनमेव च।

पञ्चैतानि हि सृज्यन्ते गर्भस्थस्यैव देहिनः।।

One's lifespan, his deeds, his education, his riches, and time of his death. These all are decided when he is still in mother's womb. Here Acharya is emphasizing the karma of deeds which goes to your afterlife.

आयु, कर्म, शिक्षा, धन और मृत्यु, ये सभी का निर्णय तभी हो जाता है जब एक बच्चा अपनी मां के गर्भ में रहता है। यहां आचार्य कर्मों पर जोर दे रहे हैं जो आपके आने वाले जन्म को भी निश्चित करते हैं ।

श्लोक 2

साधुम्यस्ते निवर्तन्ते पुत्रः मित्राणि बान्धवाः।

ये च तैः सह गन्तारस्तद्धर्मात्सुकृतं कुलम्।।

Most of our knowns sons, friends, brothers don't go in company of sadhus (saints, wise people). But those who are in the company of knowledgeable people bring happyness to their family.

हमारे अधिकांश ज्ञात, पुत्र, मित्र, भाई - साधुओं (संतों, बुद्धिमान लोगों) के संपर्क में नहीं जाते हैं। लेकिन जो लोग जानकार लोगों की संगती में हैं वे अपने परिवार के लिए खुशहाली का कारण बनते हैं।

श्लोक 3

दर्शनध्यानसंस्पर्शैर्मत्स्यी कूर्मी च पक्षिणि।

शिशु पालयते नित्यं तथा सज्जनसङ्गतिः।।

॥ चाणक्यनीति ॥

By watching, taking caring and touching - a fish, a tortoise or a bird take care of their offspring's. In the same was company of noble minded takes care of us.

सज्जन: Gentleman, noble minded

देखकर (कोई परजीवी उन्हें खा न ले), देखभाल और छूने से - एक मछली, एक कछुआ या एक पक्षी अपनी संतानों की देखभाल करते हैं। उसी में एक महान व्यक्ति का संपर्क हमारी देखभाल करता है ।

श्लोक 4

यावत्स्वस्थो ह्यय देहः तावन्मृत्युश्च दूरतः।

तावदात्महितं कुर्यात् प्रणान्ते किं करिष्यति।।

Till we are healthy and the death is away, we should take care of ourselves and our benefits. After death we can't do anything.

जब तक हम स्वस्थ हैं और मृत्यु दूर है, हमें अपना और अपने लाभों का ध्यान रखना चाहिए। मृत्यु के बाद हम कुछ भी नहीं कर सकते ।

श्लोक 5

कामधेनुगुणा विद्या ह्ययकाले फलदायिनी।

प्रवासे मातृसद्दशा विद्या गुप्तं धनं स्मृतम्।।

Education (knowledge) is like Kamadhenu (goddess to grant any wish), granting benefits in bad times. When you are in foreign lands, knowledge is like a mother and like secret wealth.

गुप्त- secret

धन – wealth

॥ चाणक्यनीति ॥

शिक्षा (ज्ञान) कामधेनु की तरह है, वह आपको आपके बुरे समय मैं लाभ देती है। जब आप विदेशी देश में होते हैं, ज्ञान एक मां की तरह है, और गुप्त धन की तरह है।

कामधेनु - कामधेनु हिन्दू धर्म में एक देवी है जिनका स्वरूप गाय का है। इन्हें 'सुरभि' भी कहते हैं। कामधेनु जिसके पास होती हैं वह जो कुछ कामना करता है (माँगता है) उसे वह मिल जाता है। (काम = इच्छा , धेनु=गाय)। इनके जन्म के बारे में अलग-अलग कथाएँ हैं। एक कथा के अनुसार ये समुद्र मन्थन में निकलीं थीं।

ॐ **श्लोक 6**

एकोऽपि गुणवान् पुत्रो निर्गुणैश्च शतैर्वरः।

एकश्चन्द्रस्तमो हन्ति न च ताराः सहस्रशः।।

One virtuous son is better than hundred virtue-less. Only one moon removes darkness of the night, which thousands of stars can't.

गुण – Quality, character, merit, virtue

सहस्र – thousand

एक सुपत्र सौ कुपुत्रों से बेहतर है, केवल एक चाँद ही रात के अंधेरे को दूर करता है, जिसे हजारों तारे भी मिलकर दूर नहीं कर सकते हैं।

ॐ **श्लोक 7**

मूर्खश्चिरायुर्जातोऽपि तस्माज्जातमृतो वरः।

मृतः स चाल्पदुःखाय यावज्जीवं जडो दहेत्।।

A stillborn son is better than a foolish son even if he is eternal (never dying). This is because a dead son gives grief

॥ चाणक्यनीति ॥

only one time, but the foolish son gives grief and sorrow forever.

चिरजीवी – Deathless

एक जन्म के समय मृत पुत्र, एक जीते हुए मुर्ख पुत्र से कहीं बेहतर है, भले ही वह मुर्ख पुत्रअनन्त अमर हो । एक जन्म के समय मृत पुत्र केवल एक बार दुख देता है, लेकिन मूर्ख पुत्र हमेशा के लिए दु: ख और उदासी का कारण होता है।

श्लोक 8

कुग्रामवासः कुलहीन सेवा

कुभोजन क्रोधमुखी च भार्या।

पुत्रश्च मूर्खो विधवा च कन्या

विनाग्निमेते प्रदहन्ति कायम्।।

Living is a village with evil people, doing service to a low class, eating bad food, foul mouthing wife, foolish children, widowed daughter. These burn the body without any fire.

धूर्त और बुरे व्यक्तियों से भरे एक गांव मैं रहना; एक कुलहीन की सेवा करना; सड़ा हुआ भोजन ग्रहण करना; गुस्सैल पत्नी; मूर्ख बच्चे; विधवा बेटी – ये सब बिना किसी आग के शरीर को जला देते हैं।

श्लोक 9

किं तया क्रियते धेन्वा या न दोग्ध्रो न गर्भिणी।

कोऽर्थः पुत्रेण जातेन यो न विद्वान्न भक्तिमान्।।

What would you do with a cow which gives no milk and is barren. What is the meaning of a son who is neither knowledgeable nor devoted to god.

॥ चाणक्यनीति ॥

भक्ति – devotion

आप एक गाय के साथ क्या करेंगे जो दूध नहीं देती है और बंजर है। उसी प्रकार उस पुत्र का अर्थ क्या है, जो न तो ज्ञानी और न ही भगवान की भक्ति पर समर्पित हैं ।

ॐ श्लोक 10

संसारातपदग्धानां त्रयो विश्रान्तिहेतवः।

अपत्यं च कलत्रं च सतां सङ्गतिरेव च।।

A person suffering in this world gets relaxation by the below three

- his offspring
- his wife
- or the company of wise people.

विश्राम – Rest, relaxation

इस सांसारिक ताप से पीड़ित व्यक्तियों को यह तीन विश्राम देते हैं - अपनी संतान, पत्नी या बुद्धिमान लोगों का साथ।

ॐ श्लोक 11

सकृज्जल्पन्ति राजानः सकृज्जल्पन्ति पण्डिताः।

सकृत्कन्या प्रदीयन्ते त्रीण्येतानि सकृत्सकृत्।।

Kings speak only once, pandit (wise people) speak once, a girl is given in marriage once. These things happen once only.

राजा एक बार बोलते हैं; पंडित (बुद्धिमान लोग) एक बार बोलते हैं; पुत्री को विवाह मैं एक बार दिया जाता है । ये सब केवल एक बार ही होती है।

॥ चाणक्यनीति ॥

श्लोक 12

एकाकिना तपो द्वाभयां पठनं गायनं त्रिभिः।

चतुर्भिगमन क्षेत्रं पञ्चभिर्बहुभि रणम्।।

Tapa (penance) should be done alone, two together for studies, three together for singing, four together for a journey, five together for farming and many are required for fighting battle.

तप – Religious austerity, penance

रण – battle

तप अकेले किया जाना चाहिए, अध्ययन के लिए दो का साथ प्रयाप्त है, गायन के लिए तीन, यात्रा के लिए एक साथ चार, खेती के लिए पाँच और युद्ध लड़ने के लिए कई आवश्यक हैं।

श्लोक 13

सा भार्या या सुचिदक्षा सा भार्या या पतिव्रता।

सा भार्या या पतिप्रीता सा भार्या सत्यावादिनी।।

The best wife is expert, chaste, patiwrata (doing best for her husband), liked by husband and veracious (speaking truth).

सर्व श्रेस्ट पत्नी वह है जो

- कार्य दक्ष हो

- पवित्र हो, सुचरित्र हो

- पतिव्रता हो

- पति को प्रिय हो

॥ चाणक्यनीति ॥

- सत्य वाची हो

श्लोक 14

अपुत्रस्य गृहं शून्यं दिशः शून्यास्त्वबान्धवाः।

मूर्खस्य हृदयं शून्यं सर्वशून्यं दरिद्रता।।

For a childless person the house is a zero (devoid of everything), for a person having no relatives all directions are void, for a fool the heart is zero, and for a poor everything is zero.

शून्य – zero

एक निपुत्र ग्रह शून्य है, बंधो (रिश्ते दार) की बिना सारी दिशाएं बेकार हैं, एक मुर्ख के लिए हृदय शून्य है, एक निर्धन व्यक्ति के लिए सबकुछ शून्य है।

श्लोक 15

अनभ्यासे विषं शास्त्रमजीर्णे भोजनं विषम्।

दरिद्रस्य विषं गोष्ठी वृद्धस्य तरुणी विषम्।।

Without practice the weapons are poison, without proper digestion food is poison, for a poor going in gathering is a poison and for an old man a youthful woman is poison.

अभ्यास के बिना हथियार विष हैं, बिना उचित पाचन भोजन जहर सामान है, गरीबों के लिए सभा मैं जाना विष समान है, एक बूढ़े आदमी के लिए एक युवा स्त्री विष समान है।

श्लोक 16

त्यजेद्धर्म दयाहीनं विद्याहीनं गुरुं त्यजेत्।

त्यजेत्क्रोधमुखी भार्या निःस्नेहान्बान्धवांस्यजेत्।।

॥ चाणक्यनीति ॥

The dharma (belief) which is devoid of mercy, knowledge less teacher, an angry wife and relative without affection should be relinquished.

हमें इनका त्याग करना चाहिए

- धर्म जो दया विहीन है

- शिक्षक जो ज्ञान विहीन है

- गुस्सैल पत्नी

- प्रीति विहीन सम्बन्धी (रिश्तेदार)।

ॐ **श्लोक 17**

अध्वाजरं मनुष्याणां वाजिनां बन्धनं जरा।

अमैथुनं जरा स्त्रीणां वस्त्राणामातपं जरा।।

Constant travel makes a man old, for a horse constant tying makes it old, for a woman no copulation brings old age, for clothes keeping them in sun makes it old.

जरा- Agedness, old

मैथुन – copulation, sexual intercourse

लगातार यात्रा एक व्यक्ति को वृद्ध कर देती है, एक अश्व (घोड़े) को लगातार बंधन मैं रखने से वो वृद्ध हो जाता है, एक महिला बिना संभोग वृद्धा हो जाती है, लगातार धूप में रखने से कपड़े पुराने (वृद्ध) हो जाते हैं ।

ॐ **श्लोक 18**

कः कालः कानि मित्राणि को देशः को व्ययागमोः।

कस्याहं का च मे शक्तिरिति चिन्त्यं मुहुर्मुहुः।।

॥ चाणक्यनीति ॥

Right time, right friends, right place, right income, right ways to spend, what are your strengths. These are things you should think about again and again.

इन सबका निरंतर (हमेशा) चिंतन करना चाहिए -

सही समय; कौन मित्र है; सही जगह; सही आय; खर्च करने के लिए सही तरीके; आपकी शक्ति (ताकत) क्या है।

ॐ **श्लोक 19**

जनिता चोपनेता च यस्तु विद्यां प्रयच्छति।

अन्नदाता भयत्राता पञ्चैता पितरः स्मृताः।।

These five should be revered like father

- the one who gives birth

- the one who does upnayan sanskar (brings you closer to god).

- the one who educates you (give you knowledge).

- the one who provides food

- the one who protects from fear.

ये पांच पिता की तरह श्रद्धेय हैं

- जो जन्म देता है

- जो उपनयन संस्कार करता है

- जो आपको शिक्षित करता है (आपको ज्ञान देता है)

- जो भोजन प्रदान करता है

- जो भय (डर) से रक्षा करता है

॥ चाणक्यनीति ॥

उपनयन संस्कार (उपनयन संस्कार) - इस संस्कार में गायत्री मंत्र की दीक्षा दी जाती है और यज्ञोपवीत धारण कराया जाता है।

श्लोक 20

राजपत्नी गुरोः पत्नी मित्रपत्नी तथैव च।

पत्नीमाता स्वमाता च पञ्चैताः मातर स्मृताः।।

These five should be worshipped and considered like mother: King's wife, teacher's wife, friends wife, mother in law and your mother.

पत्नीमाता – wife's mother

स्वमाता - your mother

यह पांच पूज्य हैं और इन्हें माता की तरह समझा जाना चाहिए:

राजा की पत्नी, शिक्षक की पत्नी, मित्र की पत्नी, पत्नी की माता (सास) और आपकी मां।

॥ चाणक्यनीति ॥

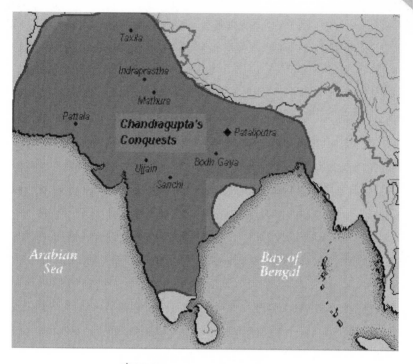

चंद्रगुप्त साम्राज्य Chandragupt Samrajya

॥ चाणक्यनीति ॥

अध्याय/Chapter 5

श्लोक 1

गुरुरग्निर्द्विजातीनां वर्णानां ब्राह्मणो गुरुः।
पतिरेव गुरुः स्त्रीणां सर्वस्याभ्यगतो गुरुः।।

Fire is the teacher for Brahmin folks, Brahmin (wise man) is the teacher for all castes, husband is teacher for a woman, and a guest is the teacher for all.

द्विजाती – Brahmin folks

अग्नि ब्राह्मणों की गुरु है, ब्राह्मण सभी वर्णों का गुरु है, पति पत्नी के लिए गुरु है और अतिथि सबका गुरु है ।

श्लोक 2

यथा चतुर्भिः कनकं परीक्ष्यते
निर्घषणच्छेदन तापताडनैः।
तथा चतुर्भिः पुरुषः परीक्ष्यते
त्यागेन शीलेन गुणेन कर्मणा।।

As gold is tested by four tests friction (rubbing), incision, heating and hammering, similarly a person is tested by his sacrifice, modesty, qualities and karma (his deeds).

जैसा कि स्वर्ण (सोने) का परीक्षण चार विधियों द्वारा होता है -- घर्षण, छेदन, ताप (गर्मी) और ताडन (हथोड़े से पिटाई), इसी प्रकार एक व्यक्ति को उनके त्याग (बलिदान), शील (विनम्रता), गुण और कर्म (उसके कर्म) द्वारा जाना जा सकता है ।

र्घषण – friction

छेदन – incision, puncturing

|| चाणक्यनीति ||

ताप – heat

ताड – beating, hammering

त्याग – sacrifice, renunciation

शील – modesty, politeness

गुण - qualities character

कर्म – deeds, doings

 ## श्लोक 3

तावद् भयेषु भेतव्यं यावद्भयमनागतम्।
आगतं तु भयं दृष्ट्वा प्रहर्तव्यमशङ्कया।।

We should only be afraid of fear till it has not come
(become a reality), if the fear has become reality we must
hit it with full force without any doubt.

शंका- doubt

हमें डर से तब तक डरना चाहिए जब तक वह आया नहीं है (वास्तविक
नहीं है), अगर डर वास्तविक है तो हमें इसे बिना किसी शंका/संदेह के
पूर्ण बल से सामना करना चाहिए।

 ## श्लोक 4

एकोदरसमुद्भूता एक नक्षत्र जातका।
न भवन्ति समा शीले यथा बदरिकण्टकाः।।

Being born from the same womb, born at the same star
alignments (zodiac) doesn't mean exact same tendencies.
Like the berry fruit and the thorns on it.

कण्टक – thorns

नक्षत्र – zodiac

॥ चाणक्यनीति ॥

शील – qualities

एक ही गर्भ से पैदा होने पर अथवा एक ही नक्षत्र (राशि चक्र) में पैदा होने का मतलब एक ही प्रकार की प्रवृत्तियों होना नहीं है। ठीक उसकी तरह हैसे बेरी फल और उस पर कांटे, दोनों की प्रवर्तियाँ बहुत अलग हैं।

श्लोक 5

निस्पृहो नाधिकारी स्यान्न कामी भण्डनप्रिया।
नो विदग्धः प्रियं ब्रूयात् स्पष्ट वक्ता न वञ्चकः।।

One who is passionless is not an expert of any subject, one who is not kami (full of desires) doesn't want to decorate himself, a wise person doesn't speak politely (generally he speaks truth which may not always be polite) and a straightforward (talking) person can't be deceiver.

जो व्यक्ति विरक्त है वह किसी भी विषय का विशेषज्ञ नहीं हो सकता है,

जो कि कामी नहीं है वह श्रृंगार नहीं करता,

बुद्धिमान व्यक्ति नम्रता से बात नहीं करता (वह सच बोलता है जो हमेशा विनम्र नहीं होता),

एक स्पष्ट व्यक्ति धोखेबाज नहीं हो सकता ।

श्लोक 6

मूर्खाणां पण्डिता द्वेष्या अधनानां महाधाना।
वाराङ्गना कुलीनानां सुभगानां च दुर्भगा।।

A foolish person is envious of a pandit (knowledgeable person), a pauper (poor person) is envious of rich person, a prostitute is envious of a noble woman, a widow is envious of a woman living with her spouse. Acharya here intends to say that it's very obvious that a person would envy what he

॥ चाणक्यनीति ॥

doesn't have (that's a natural trait), and we should not lose sleep over it.

पण्डित – Priest, knowledgable person, wise

द्वेष्य – Envy

एक मूर्ख व्यक्ति एक पंडित (जानकार व्यक्ति) से ईर्ष्या करता है,

एक गरीब (गरीब व्यक्ति) एक अमीर व्यक्ति से जलता है,

एक वेश्या एक कुलीन महिला से ईर्ष्या करती है,

एक विधवा सुभगिनी से जलती है।

आचार्य यहाँ कह रहे हैं कि यह बहुत स्पष्ट है कि मनुष्य में अपने अभाव के कारण ईर्ष्या स्वाभाविक है।

श्लोक 7

आलस्योपहता विद्या परहस्तं गतं धनम्।
अल्पबीजहतं क्षेत्रं हतं सैन्यमनायकम्।।

From lethargy knowledge/learning is finished (if you are lethargic you can't gain any knowledge), in another's hand money is lost (meaning if you lend money, its same as the gone money), from the lack of seeds the fields gets finished (meaning no crops) and without a general the army is lost. Acharya means that there is an effort and a guidance which is required for everything.

आलस्य से ज्ञान (विद्या) का नाश होता है, दूसरे के हाथों में धन खो जाता है (अर्थात् यदि आप पैसे उधार देते हैं, तो वे नस्ट होते हैं), बीजों के अभाव में खेतों का नाश होता है और एक सेना नायक के बिना एक सेना का नाश निश्चित है । आचार्य का मतलब है कि प्रयास और मार्गदर्शन सभी की प्राप्ति के लिए आवश्यक है।

॥ चाणक्यनीति ॥

आलस्य – Lethargy

हत – killed, finished

पर – Another's

हस्त – Hand

धन – Money

अल्प – Less

बीज – seed

क्षेत्र – area, land

सैन्य – army

नायक – Chief, leader

श्लोक 8

अभ्यासाद्धार्यते विद्या कुलं शीलेन धार्यते।
गुणेन ज्ञायते त्वार्य कोपो नेत्रेण गम्यते।।

From the amount of practice a person is putting we know about the knowledge he would gain, from modesty we know about the family, traits reveals a person's quality and the eyes reveal a person's anger. Acharya is mentioning here that careful study of traits can reveal a lot about a person (body language).

किसी व्यक्ति केअभ्यास से उसके ज्ञान के बारे में पता चल जाता है,

विनम्रता से कुल का पता चलता है,

॥ चाणक्यनीति ॥

गुणों से एक व्यक्ति के व्यक्तित्व का पता चलता है,

और आँखें एक व्यक्ति के क्रोध को प्रकट करती हैं।

आचार्य यहाँ उल्लेख कर रहे हैं कि लक्षणों का सावधानीपूर्वक अध्ययन एक व्यक्ति के बारे में बहुत कुछ बता सकता है।

अभ्यास – Practice

शील – modesty, humbleness, morality

श्लोक 9

वित्तेन रक्ष्यते धर्मो विद्या योगेन रक्ष्यते।
मृदुना रक्ष्यते भूपः सत्स्त्रिया रक्ष्यते गृहम्।।

Wealth protects dharma (religion), from yog (addition, continual learning) the knowledge is protected, politeness protects a king, and a good noble woman protects family.

धन धर्म की रक्षा करता है, योग (जमा करना, लगातार अर्जित करना) से ज्ञान सुरक्षित है, विनम्रता एक राजा की रक्षा करती है, और एक अच्छी प्रतिष्ठित महिला से परिवार की रक्षा होती है।

वित्त – wealth

योग – Addition

मृदु – politeness

श्लोक 10

अन्यथा वेदपाण्डित्यं शास्त्रमाचारमन्यथा।
अन्यथा वदतः शान्तं लोकाः क्लिश्यन्ति चान्यथा।।

Speaking otherwise (blaspheme)Vedic wisdom, who speak in bad taste of shastras and the behavioural traits recommended by it. Those who speak otherwise (deride,

॥ चाणक्यनीति ॥

mock) a peaceful person. These people are wasting their efforts in vain. Acharya means that a foolish person may not recognize ancient hindu wisdom, but that doesn't make it any less great.

वैदिक ज्ञान की निंदा, शास्त्रों और उनमे वर्णित अनुशाषित व्यव्हार की निंदा, एक शांत व्यक्ति की निंदा

यह सभी जो कोई करता है, वह अपना समय व्यर्थ करता है ।

श्लोक 11

दारिद्रयनाशनं दानं शीलं दुर्गतिनाशनम्।
अज्ञानतानाशिनी प्रज्ञा भावना भयनाशिनी।।

Poverty is destroyed by donations, modesty destructs misery, ignorance is destroyed by intelligence and knowledge destroys fears.

दरिद्रता (गरीबी) दान द्वारा नष्ट हो जाती है, विनम्रता दुर्बलता को नष्ट कर देती है, अज्ञानता को बुद्धिमत्ता नष्ट कर देती है और ज्ञान से भय का नाश हो जाता है।

दारिद्र – poverty

दान – giving alms, donation

शील – modesty, humbleness, morality

दुर्गति – misery, distress

नाश – destruct, end

प्रज्ञा – intelligence, understanding

भावना – sense, knowledge

॥ चाणक्यनीति ॥

श्लोक 12

नास्ति कामसमो व्याधिर्नास्ति मोहसमो रिपुः।
नास्ति कोप समो वह्नि र्नास्ति ज्ञानात्परं सुखम्।।

No disease is as bad as lust, no bigger enemy than infatuation, there is no fire as deadly as anger, and there is no happiness as knowledge.

काम समान कोई व्याधि (बीमारी) नहीं है, मोह से कोई बड़ा दुश्मन नहीं है, क्रोध से घातक कोई आग नहीं है, और ज्ञान से बड़ा कोई सुख नहीं है ।

व्याधि – disease

रिपु – enemy

सुख – pleasure, delight, happiness

श्लोक 13

जन्ममृत्युर्नियत्येको भुनक्तयेकः शुभाशुभम्।
नरकेषु पतत्येकः एको याति परां गतिम्।।

A man alone has to take birth and die, he suffers good or bad in his life alone, one goes to hell alone and the salvation is given to one alone. Acharya means that man himself is responsible for his karma and do his deeds in accordance to the morality and humaneness.

व्यक्ति अकेले ही जन्म लेता है, अकेले ही उसकी मृत्यु होती है, वह अकेले ही अपने जीवन में अच्छा या बुरा झेलता है, अकेले नरक में जाता है और मुक्ति (सद्गति) भी अकेले ही प्राप्त होती है।

॥ चाणक्यनीति ॥

आचार्य का अर्थ है कि मनुष्य खुद अपने कर्मों के लिए उत्तरदायी है। इसलिए उसे नैतिकता और मानवीयता के अनुसार अपने कर्म करने चाहिए ।

ॐ

श्लोक 14

तृणं ब्रह्मविद स्वर्गं तृणं शूरस्य जीवनम्।
जिताक्षस्य तृणं नारी निःस्पृहस्य तृणं जगत्।।

Heaven is same as grass (worthless and not holding significant value), for one who has Brahma Gyana (universal knowledge, guided by Krishna in srimad bhagwatgeeta), same importance does life has to a courageous valiant person (that means for a courageous man life holds no value). A woman is of no value for a person who has subdued his senses and the whole universe is of no value to the one who has no desires.

स्वर्ग तृण (घास) समान है उसके लिए जिसने ब्रह्म ज्ञान (सार्वभौमिक ज्ञान, कृष्ण द्वारा भगवत गीता में निर्देशित) प्राप्त किया है, साहसी व्यक्ति के लिए जीवन का कोई मूल्य नहीं (वह अपनी मौत से नहीं घबराता)। स्त्री का कोई महत्व नहीं उस व्यक्ति के लिए जिसने अपनी इंद्रियों को वश में किया है और पूरे ब्रह्मांड का कोई महत्व नहीं उसके लिए जिसने अपनी इच्छाओं को वश में किया है ।

तृण – grass, घास, दूब

शूर – courageous, valiant

ॐ

श्लोक 15

विद्या मित्रं प्रवासेषु भार्या मित्रं गृहेषु च।
व्याधितस्यौषधं मित्रं धर्मो मित्रं मृतस्य च।।

Knowledge is the friend when in foreign lands, wife is friend at home, for an ailing medicine is friend and for a

॥ चाणक्यनीति ॥

dying person his dharma (the deeds he did when he was alive and kicking) is his friend.

विदेश में ज्ञान सच्चा मित्र है, पत्नी घर पर मित्र है, बीमार के लिए दवा मित्र होती है और एक मरने वाले व्यक्ति के लिए उसका धर्म उसका मित्र है।

श्लोक 16

वृथा वृष्टिः समुद्रेषु वृथा तृप्तेषु भोजनम्।
वृथा दानं धनाढ्येषु वृथा दीपो दिवापि च।।

Rain is a waste on ocean, food is a waste if served to a contented man (who already is full), giving donation to a rich is a waste, and a lamp is waste in daylight. Acharya says that a good deed not done, taking perspespective into account is a waste.

सागर पर गिरी वर्षा (बारिश) बर्बाद है (उसका कुछ उपयोग नहीं है); तृप्त व्यक्ति को भोजन देना भोजन का नाश है; अमीर को दान, दान का नाश है; और दिन के उजाले में एक दीपक जलना, दीपक का नाश है। आचार्य का कहना है कि एक अच्छा काम करना भी व्यर्थ है अगर हम संदर्भ पर जोर न दें।

वृथा – waste

वृष्टि – rain

धनाढ्य – rich

तृप्त – satisfied, filled

श्लोक 17

॥ चाणक्यनीति ॥

नास्ति मेघसमं तोयं नास्ति चात्मसमं बलम्।
नास्ति चक्षुसमं तेजो नास्ति चान्नसमं प्रियम्।।

Water from clouds (rainwater) is most pure water, no strength is bigger than the strength of self, no light is as dashing as the eyes, nothing is as beloved as grain.

बादलों से पानी (वर्षा जल) सबसे शुद्ध पानी है, आत्म शक्ति की तुलना में कोई ताकत बड़ी नहीं है, कोई प्रकाश आंखों की तरह चमकदार नहीं है, अनाज के प्रिय कुछ नहीं है ।

मेघ – clouds

बल – strength

चक्षु – eyes

तेज – dash, glow

प्रिय – dear, beloved

श्लोक 18

अधना धनमिच्छन्ति वाचं चैव चतुष्पदाः।
मानवाः स्वर्गमिच्छन्ति मोक्षमिच्छन्ति देवताः।।

The poor want money, animals want the power to communicate (speech), man wants to go to heaven, and the devta (demigods) wish to get salvation.

गरीबों को धन चाहिए, जानवरों को भाषण (बातचीत) करने की शक्ति चाहिए , मनुष्य स्वर्ग जाना चाहता है, और देवता मुक्ति प्राप्त करना चाहते हैं।

अधना – poor, without money

वाच – speech

॥ चाणक्यनीति ॥

मोक्ष – salvation

श्लोक 19

सत्येन धार्यते पृथ्वी सत्येन तपते रविः।
सत्येन वाति वायुश्च सर्वं सत्ये प्रतिष्ठितम्।।

Truth keeps the earth stable, truth gives the heat to sun, truth makes the air flow in atmosphere, everything is based and grounded on truth.

सच्चाई पृथ्वी को स्थिर रखती है, सच्चाई सूरज को गर्मी देती है, सच्चाई वायु में प्रवाह देती है, सभी का आधार सत्य है।

सत्य – truth

पृथ्वी – earth

रवि – sun

प्रतिष्ठित - based, grounded

श्लोक 20

चला लक्ष्मीश्चलाः प्राणाश्चले जीवितमन्दिरे।
चलाचले च संसारे धर्म एको हि निश्चलः।।

The money (wealth) is moving (changes hand); life, body and vitality is also not forever. In this world everything changes except dharma (the right conduct, bringing right results: karma).

पैसा (धन) चलायमान है (हमेशा साथ नहीं रहता); जीवन, शरीर और जीवन शक्ति भी हमेशा के लिए नहीं है।केवल धर्म को छोड़कर, इस दुनिया में सब कुछ बदलता है।

चला – moving, everchanging

॥ चाणक्यनीति ॥

श्लोक 21

नाराणां नापितो धूर्तः पक्षिणां चैव वायसः।
चतुष्पदां श्रृगालस्तु स्त्रीणां धूर्ता च मालिनी।।

Among men the barber is cunning (probably in the context of earlier times, the barber was gossiping and spreading rumors); among birds the crow; among beasts the jackal; and among women, the malin (flower girl).

पुरुषों के बीच नाई बहुत धूर्त है (संभवतः पहले के समय में नाई द्वारा अपवाह फैलती थी); पक्षियों के बीच कौवा; जंगली जानवरों के बीच सियार; और महिलाओं के बीच में मालिन (फूल लड़की) को धूर्त कहा गया है ।

धूर्त – cunning

॥ चाणक्यनीति ॥

चंद्रगुप्त मौर्य CHANDRAGUPT MAURYA

॥ चाणक्यनीति ॥

अध्याय/Chapter 6

श्लोक 1

श्रुत्वा धर्मं विजानाति श्रुत्वा त्यजति दुर्मतिम्।

श्रुत्वा ज्ञानमवाप्नोति श्रुत्वा मोक्षमवाप्नुयात्।।

By means of hearing one understands dharma, malignity vanishes, knowledge is acquired, and liberation from material bondage is gained.

श्रवण के माध्यम से ही मनुष्य धर्म को समझता है, दुर्भावना गायब हो जाती है, ज्ञान प्राप्त हो जाता है, और भौतिक बंधन से मुक्ति प्राप्त होती है।

श्रुत – hearing

श्लोक 2

पक्षिणां काकश्चाण्डाल पशूनां चैव कुक्कुरः।

मुनीनां पापश्चाण्डालः सर्वेषु निन्दकः।।

Among the birds crow is wicked, among the animals dog is vile. Among the saints, the one who sins is vile; but the one who always blames other is the biggest vile.

पक्षियों में कौवा दुष्ट है, जानवरों के बीच कुत्ता नीच हैं। संतों में से, जो पाप करता है वह नीच है; लेकिन जो हमेशा दूसरे की निंदा करता है वह सबसे बड़ा नीच है।

मुनी – saint

चांडाल – the person who cremates the dead (being a chandal has negative connotations, it refers to being vile/wicked)

॥ चाणक्यनीति ॥

निंदा – condemn, blame, dressing down

श्लोक 3

भस्मना शुद्धयते कांस्यं ताम्रमम्लेन शुद्धयति।

राजसा शुद्धयते नारी नदी वेगेन शुद्धयति।।

Bronze (brass) is purified by ashes, copper is purified by tamarind, menstrual cycle cleanses a woman and a river is purified by its flow.

कांस्य (पीतल) को राख से शुद्ध किया जाता है, तांबे को इमली द्वारा शुद्ध किया जाता है, मासिक धर्म चक्र एक महिला को शुद्ध करता है और एक नदी उसके प्रवाह से शुद्ध होती है।

श्लोक 4

भ्रमन्सम्पूज्यते राजा भ्रमन्सम्पूज्यते द्विजः।

भ्रमन्सम्पूज्यते योगी स्त्री भ्रमती विनश्यति।।

A king who does lot of travel is worshiped, same for a Brahmin and a saint. But a woman if she does lot of travels is ruined (destroyed physically or morally).

एक राजा, द्विज (ब्राह्मण) अथवा योगी अगर बहुतायत में यात्रा करते हैं तो उन्हें पूजा जाता है। परन्तु एक स्त्री अगर वह बहुत यात्रा करती है तो वह बर्बाद हो जाती है ।

श्लोक 5

यस्यार्थास्तस्य मित्राणि यस्यार्थास्तस्य बान्धवाः।

यस्यार्थाः स पुमांल्लोके यस्यार्थाः स च पण्डितः।।

॥ चाणक्यनीति ॥

The one who has wealth - has friends, only he has relatives. He only is counted in society and he only is considered a pandit (wise man).

जिसके पास अर्थ (संपत्ति) है - उसके पास दोस्त हैं, केवल उसके पास सम्बन्धी (रिश्तेदार) हैं, वही समाज में जाना जाता है और उसे केवल उसे ही पंडित माना जाता है।

श्लोक 6

ताद्दशी जायते बुद्धिर्व्यवसायोऽपि ताद्दशः।

सहायास्ताद्दशा एव याद्दशी भवितव्यता।।

The mind, the activities one does and the kind of people one is surrounded by are all controlled by destiny.

मन, कर्म और साथी, वे सभी भाग्य से नियंत्रित होते हैं।

श्लोक 7

कालः पचति भूतानि कालः संहरते प्रजाः।

कालः सुप्तेषु जागर्ति कालो हि दुरतिक्रमः।।

Time eats individuals, time destroys all the people. Time is active when everyone is sleeping, no one can stop the flow of time.

काल (समय) व्यक्ति का नाश करता है, वह सभी का नाश करता है। जब सब लोग सो रहे होते हैं तब भी काल सक्रिय रहता है, कोई भी काल (समय) के प्रवाह को रोक नहीं सकता है।

काल – time, period, era

प्रजा – subjects, people

॥ चाणक्यनीति ॥

श्लोक 8

नैव पश्यति जन्मान्धः कामान्धो नैव पश्यति।

मदोन्मत्ता न पश्यन्ति अर्थी दोषं न पश्यति।।

A person who is blind from birth can't see anything, a person who is surmounted by lust can't discern anything. An intoxicated person doesn't see anything, and a person who is after money doesn't see any fault with anything (he can't discern good from bad if he is making money on that act).

एक व्यक्ति जो जन्म से अंधा होता है, वह कुछ भी नहीं देख सकता है, जो व्यक्ति वासना से लिप्त है वह भी कुछ नहीं देख सकता है। एक मादक व्यक्ति भी कुछ नहीं देखता है, और जो व्यक्ति धन अर्जन के पीछे होता है उसे किसी में दोष नहीं दीखता (जिस कार्य से वह धन कमाता है, उसमे वह अच्छे/बुरे का फ़र्क़ नहीं कर पाता)।

मद - intoxicated

श्लोक 9

स्वयं कर्म कोत्यात्मा स्वयं तत्फलमश्नुते।

स्वयं भ्रमति संसारे स्वयं तस्माद्विमुच्यते।।

A human does all his actions himself, and gets the result of his karmas himself. He roams around in world all by himself and by himself he finds renunciation. Acharya here means that for all your karma you and only you are responsible.

मनुष्य अपने सभी कार्यों को खुद करता है, और अपने कर्मों के परिणाम को स्वयं प्राप्त करता है । वह स्वयं संसार में स्वयं भटकता है और स्वयं

॥ चाणक्यनीति ॥

ही इससे मुक्त हो जाता है। आचार्य का तात्पर्य है कि आपके सभी कर्मों के लिए आप और केवल आप जिम्मेदार हैं।

श्लोक 10

राजा राष्ट्रकृतं पापं राज्ञः पापं पुरोहितः।

भर्ता च स्त्रीकृतं पापं शिष्य पाप गुरुस्तथा।।

A sin done by the people of state is kings responsibility, a sin done by king is responsibility of state priest (he is responsible for not only advising the king but to deter him from any sin). For a wifes sin the husband is responsible, and a teacher (guru) is responsible for the sins of his pupil.

राज्य की प्रजा द्वारा किया जाने वाला पाप राजा की जिम्मेदारी है; राजा द्वारा किया गया पाप राज्य के पुरोहित (पुजारी) की जिम्मेदारी है (वह न केवल राजा को सलाह देने के लिए जिम्मेदार है, बल्कि उसकी जिम्मेदारी राजा को पाप से रोकने की भी है)। पत्नी के पाप के लिए पति जिम्मेदार है; और एक शिक्षक (गुरु) अपने विद्यार्थियों के पापों के लिए जिम्मेदार है।

पाप – sin, misdeed

पुरोहित – priest, cleric

शिष्य – student, pupil

गुरु - teacher

श्लोक 11

ऋणकर्ता पिता शत्रुर्माता च व्यभिचारिणी।

भार्या रुपवती शत्रुः पुत्र शत्रु र्न पण्डितः।।

॥ चाणक्यनीति ॥

A father in constant debt is an enemy, an adulterous mother is an enemy. A very beautiful wife is an enemy and an uneducated foolish son is an enemy.

निरंतर कर्ज में रहने वाला पिता शत्रु समान है; एक व्यभिचारी मां शत्रु समान है। एक बहुत सुंदर पत्नी शत्रु समान है और अशिक्षित मूर्ख पुत्र शत्रु समान है।

व्यभिचारि – adulterous

श्लोक 12

लुब्धमर्थेन गृह्णीयात्स्तब्धमञ्जलिकर्मणा।
मूर्खश्छन्दानुरोधेन यथार्थवादेन पण्डितम्।।

The below are the ways you can control people.

Greedy by money,

arrogant by submission,

fools by advising them

and knowledgable by telling the truth.

नीचे वे तरीके हैं जिनसे आप लोगों को नियंत्रित कर सकते हैं।

पैसे से लालची को,

मान सम्मान द्वारा अभिमानी को,

सलाह देकर मूर्ख को,

और सच्चाई बता कर ज्ञानी को।

श्लोक 12

वरं न राज्यं न कुराजराज्यं वरं न मित्रं न कुमित्रमित्रम्।

॥ चाणक्यनीति ॥

वरं न शिष्यो न कुशिष्यशिष्यो वरं न दारा न कुदारदाराः ।।

It's better to be without kingdom then to be a king of a worthless kingdom, better to remain friendless than to have a bad friend. Better to have no pupil but to have bad pupil and better to have no wife than to have a wicked wife.

कुराज्य में राजा बनने से, राज्य विहीन होना है; कुमित्र से मित्र विहीन होना अच्छा है। कुशिष्य से शिष्य विहीन होना अच्छा है; दुष्ट पत्नी होने से पत्नी विहीन होना बेहतर है।

ॐ

श्लोक 13

कुराजराज्येन कृतः प्रजासुखं

कुमित्रमित्रेण कुतोऽभिनिवृत्तिः।

कुदारदारैश्च कुतो गृहे रतिः

कृशिष्यमध्यापयतः कुतो यशः।।

There is no happiness to the state where the king is wicked, there is no happiness in the company of a non-trustworthy friend. There is no happiness with an unfaithful wife, and having worth less pupils will not give any fame.

उस राज्य को प्रजा को कोई सुख नहीं है, जहां राजा दुष्ट है; एक कुमित्र के साथ में कोई आनंद नहीं है। एक दुष्ट पत्नी के साथ कोई सुख नहीं है, और मुर्ख शिष्य से कैसे यश (प्रसिद्धि) प्राप्त होगा।

ॐ

श्लोक 14

सिंहादेकं बकादेकं शिक्षेच्चत्वारि कुक्कुटात्।

वायसात्पञ्च शिक्षेच्च षट् शुनस्त्रीणि गर्दभात्।।

॥ चाणक्यनीति ॥

Learn one thing from Lion, one from a crane, learn four from cock and five from crow. Learn six things from a dog and learn three from an ass.

Acharya here means that every living thing has something which is knowledge imparting and we can learn a lot of good traits if we observe and keep our eyes open. These are explained in the upcoming shloka.

शेर से एक चीज़ सीखें; सारस से एक चीज़ सीखें; मुर्गा से चार चीज़ें सीखें; पांच चीज़ें कौवा से जानें ;कुत्ते से छह चीजें सीखें और एक गधे से तीन बातें सीखें।

आचार्य का तात्पर्य है कि हर जीवित चीज़ में कुछ ज्ञान है, अगर हम अपनी आँखें खुली रखते हैं तो हम बहुत अच्छे गुण सीख सकते हैं। इन्हें आगामी श्लोक में समझाया गया है।

श्लोक 15

प्रभूतं कार्यमपि वा तत्परः प्रकर्तुमिच्छति।

सर्वारम्भेण तत्कार्यं सिंहादेकं प्रचक्षते।।

Any work be it small or big should be done with full intensity and power. This thing we should learn from a Lion who never does anything half heartedly.

कोई भी काम छोटा या बड़ा हो, उसे पूर्ण तीव्रता और शक्ति के साथ किया जाना चाहिए। यह बात हमें शेर से सीखनी चाहिए जो आधे मन से कुछ भी कभी नहीं करता।

श्लोक 16

इन्द्रियाणि च संयम्य बकवत्पण्डितो नरः।

देशकालः बलं ज्ञात्वा सर्वकार्याणि साधयेत्।।

॥ चाणक्यनीति ॥

A pandit (wise person) should control all his senses like a crane. After understanding desh (place), kal (time), bal (power, strength) we should target all our tasks.

एक पंडित (बुद्धिमान व्यक्ति) को अपने सभी इंद्रियों को सारस की तरह नियंत्रित करना चाहिए। अपना देश, काल (समय) और बल (शक्ति, ताकत) समझने के बाद, हमें अपने सभी कार्यों को लक्षित करना चाहिए।

श्लोक 17

सुश्रान्तोऽपि वहेद् भारं शीतोष्णं न पश्यति।

सन्तुष्टश्चरतो नित्यं त्रीणि शिक्षेच्च गर्दभात्।।

Carrying the load even though extremely tired, don't bother (look at) on cold and hot. Always be satisfied, these three things should be learnt from a donkey.

अपना भार उठाते रहना बिना थकान को चिंता के; अपना कर्म बिना ठंड और गर्म को चिंता के करना; और हमेशा संतुष्ट रहना। इन तीनों चीजों को गधा से सीखा जाना चाहिए।

शीत – cold

उष्ण – hot weather

सन्तुष्ट – satisfied, satiated

श्लोक 18

प्रत्युत्थानं च युद्धं च संविभागश्च बन्धुषु।

स्वयमाक्रम्य भोक्तं च शिक्षेच्चत्वारि कुक्कुटात्।।

॥ चाणक्यनीति ॥

Waking up at the correct time, be ready for a fight, giving proper share to friends and enjoy food. These are the things we can learn from a cock.

सही समय पर जागना; लड़ाई के लिए हमेशा तैयार रहना; मित्रों के साथ सामान साझा करना और भोजन का आनंद लेना। ये चीजें हैं जो हम मुर्गे से सीख सकते हैं।

ॐ

श्लोक 19

गूढ मैथुनकारित्वं काले काले च संग्रहम्।

अप्रमत्तवचनमविश्वासं पञ्च शिक्षेच्च वायसात्।।

Sexual act (copulation) in private, patience, accumulation, being alert and not trusting anyone. These are the five qualities to be learnt from a crow.

एकांत में संभोग, धैर्य, संचय, सचेत रहना और किसी पर भरोसा नहीं करना - ये कौवे से सीखे जाने वाले पांच गुण हैं।

संग्रह – collection, accumulation

ॐ

श्लोक 20

वह्वशी स्वल्पसन्तुष्टः सुनिद्रो लघुचेतनः।

स्वामिभक्तश्च शूरश्च षडेते श्वानतो गुणाः।।

Even though having a great appetite, but be satisfied on little.

Being alert in deep sleep.

Faithfulness to master.

Courage

These are the traits to be learnt from a dog.

॥ चाणक्यनीति ॥

बहुत भूख के बाबजूद बहुत कम पर संतुष्ट होना; गहरी नींद में भी सतर्क रहना; स्वामी भक्ति; और साहस।

ये कुत्ते से सीखने वाले गुण हैं।

श्लोक 21

य एतान् विंशतिगुणानाचरिष्यति मानवः।

कार्याऽवस्थासु सर्वासु अजेयः स भविष्यति।।

The human who incurs these 20 traits in himself would be victorious in everything he intakes.

जो मनुष्य इन बीस गुणों को अर्जित करता है वह अपने सभी कार्यों में अजेय होता है।

॥ चाणक्यनीति ॥

अध्याय/Chapter 7

श्लोक 1

अर्थनाश मनस्तापं गृहिण्याश्चरितानि च।

नीचं वाक्यं चापमानं मतिमान्न प्रकाशयेत।।

Loss of wealth.

Anger (heat of mind)

Character of woman

Bad sentences

Disgrace/ignominy brought to self

All these things a wise man should never reveal (bring to light).

धन का नुक्सान; क्रोध; स्त्री का चरित्र; अपशब्द; स्वयं का अपमान।

ये सब बातें एक बुद्धिमान व्यक्ति को कभी प्रकट नहीं करना चाहिए।

श्लोक 2

धनधान्य प्रयोगेषु विद्या सङ्ग्रहेषु च।

आहारे व्यवहारे च त्यक्तलज्जः सुखी भवेत्।।

Acquiring wealth, doing business, acquiring knowledge, food and behavior; whoever conducts this without shyness he will always be happy.

धन प्राप्ति, व्यवसाय, ज्ञान, भोजन और व्यवहार।

॥ चाणक्यनीति ॥

जो मनुष्य यह बिना लज़्ज़ा (शर्म) के करेंगे वह हमेशा खुश रहेंगे।

ॐ **श्लोक 3**

सन्तोषामृततृप्तानां यत्सुखं शान्तिरेव च।

न च तद्धनलुब्धानामितश्चेतश्च धावाताम्।।

Those who are content with the nectar of satisfaction, they get peace and happiness. Not the ones who roam here and there for the greed of money.

जो लोग संतोष रूपी अमृत से संतुष्ट होते हैं, उन्हें शांति और खुशी मिलती है। न को उनको जो लोग पैसे की लालच के लिए यहां और वहां घूमते फिरते हैं।

सन्तोष – satisfaction

अमृत – Elixir, nectar

तृप्त- content, satisfied

सुख – happiness

शान्ति – peace

ॐ **श्लोक 4**

सन्तोषस्त्रिषु कर्तव्यः स्वदारे भोजने धने।

त्रिषु चैव न कर्तव्योऽध्ययने जपदानयोः।।

Be satisfied with your wife, food and your wealth. Never be satisfied with studies (gaining knowledge), chanting (doing

॥ चाणक्यनीति ॥

service to the society as per vedas), and donations to the poor and needy.

अपनी पत्नी, भोजन और धन के साथ सदैव संतुष्ट रहें। ज्ञान अर्जन, जप, और गरीबों और जरूरतमंदों के लिए दान से कभी भी संतुष्ट न हों।

अध्ययन – studies

जप – Chanting (reverence to god)

दान - donation

श्लोक 5

विप्रयोर्विप्रवह्नेश्च दम्पत्योः स्वामिभृत्ययोः।

अन्तरेण न गन्तव्यं हलस्य वृषभस्य च।।

Don't go in between the below

- Two priests
- Priest and fire (intention is the fire of yajna)
- Husband & wife
- Master and his servant
- Bullock and plough

इनके बीच में कभी मत जाओ

- दो पुजारियों
- पुजारी और अग्नि (यज्ञ अग्नि)
- पति और पत्नी
- स्वामी और सेवक
- बैल और हल

श्लोक 6

॥ चाणक्यनीति ॥

पादाभ्यां न स्पृशेदग्निं गुरुं ब्राह्मणमेव च।

नैव गावं कुमारीं च न वृद्धं न शिशुं तथा।।

Don't touch by feet these fire, guru and Brahmin. Also a cow, a girl, old person and a child should not be touched by feet.

आग, गुरु और ब्राह्मणों को पैर से नहीं छूना। इसके अलावा गाय, कुमारी, बूढ़े व्यक्ति और बच्चे को पैर से नहीं छुआ जाना चाहिए।

कुमारी – an unmarried woman

श्लोक 7

शकटं पञ्चहस्तेन दशहस्तेन वाजिनम्।

हस्तिनं शतहस्तेन देशत्यागेन दुर्जनम्।।

One should be five hands (feet) away from a cart, ten feet away from a horse, and a thousand feet away from an elephant. But for avoiding a wicked person it better to leave the state itself.

एक गाड़ी (बैलगाड़ी) से पांच हाथ (फुट) को दूरी, घोड़े से दस फुट को दूरी और एक हाथी से हजार फीट दूर होना चाहिए। लेकिन एक दुष्ट व्यक्ति से बचने के लिए राज्य को भी त्याग देना उत्तम (बेहतर) है।

श्लोक 8

हस्ती त्वंकुशमात्रेण बाजो हस्तेन तापते।

श्रृङ्गीलकुटहस्तेन खड्गहस्तेन दुर्जनः।।

Control an elephant by goad, a horse by hands, an animal with horns with stick, but a wicked person should be controlled with a sword.

॥ चाणक्यनीति ॥

हाथी को अंकुश से, घोड़े को हाथों से, सींग वाले जानवर को छड़ी से नियंत्रित करना चाहिए। परन्तु एक दुष्ट व्यक्ति को खड्ग(तलवार) से नियंत्रित किया जाना चाहिए।

खड्ग – sword

श्लोक 9

तुष्यन्ति भोजने विप्रा मयूरा धनगर्जिते।

साधवः परसम्पत्तौ खलाः पर विपत्तिषु।।

A priest is satisfied by good food, peacock is happy with thundering clouds, saints by seeing that others are wealthy and happy. But a bad wicked person is happy in seeing other in misery and pain.

विप्र (पुजारी) भोजन से संतुष्ट होते हैं, मोर बादलों के गर्जना से खुश होते हैं, साधु जन दूसरों को संपानता देखकर खुश होते हैं। लेकिन दुष्ट व्यक्ति दूसरों को दुःख और दर्द में देखकर खुश होते हैं।

श्लोक 10

अनुलोमेन बलिनं प्रतिलोमेन दुर्बलम्।

आत्मतुल्यबलं शत्रुं विनयेन बलेन वा।।

A strong can be controlled by behaving his way, a weak is controlled by overpowering him. If the enemy is same in strength as you are, then control him by politeness or power.

एक बलवान के अनुकूल रहने से उसे नियंत्रित किया जा सकता है, एक कमजोर को बल द्वारा नियंत्रित किया जाता है। यदि शत्रु (दुश्मन) का बल (ताकत) समान है, तो उसे विनम्रता या शक्ति द्वारा नियंत्रित करें।

श्लोक 11

॥ चाणक्यनीति ॥

बाहुवीर्यं बलं राजा ब्राह्मणो ब्रह्मविद बली।

रूपयौवनमाधुर्यं स्त्रीणां बलमुत्तमम्।।

The power of a king lies in his mighty arms; that of a brahmana in his spiritual knowledge; and that of a woman in her beauty, youth and sweet words.

एक राजा की शक्ति उसके शक्तिशाली हथियारों में निहित है; अपने आध्यात्मिक ज्ञान में एक ब्राह्मण का बल है; और सुंदरता, यौवन और मधुर शब्दों में एक स्त्री का बल है।

ॐ

श्लोक 12

नात्यन्तं सरलेन भाव्यं गत्वा पश्य वनस्थलीम्।

छिद्यन्ते सरलास्तत्र कुब्जास्तिष्ठन्ति पादपाः।।

Don't be utterly simple, go to forest and you would notice that the straight trees are the first to be cut and not the crooked ones.

अत्यंत सरल न हों, जंगल में चले जाएं और आप देखेंगे कि सीधे पेड़ सबसे पहले काटे जाते हैं और टेड़े मेढे वृक्षों को छोड़ दिया जाता है ।

ॐ

श्लोक 13

यत्रोदकं तत्र वसन्ति हंसाः

स्तथैव शुष्कं परिवर्जयन्ति।

न हंसतुल्येन नरेणभाव्यम्

पुनस्त्यजन्ते पुनराश्रयन्ते।।

A swan lives where there is water, if the water dries they leave the place. A man should not behave in the same way (leaving and coming to the same place again and again).

॥ चाणक्यनीति ॥

हंस जहां पानी होता है वही रहते हैं, अगर पानी सूख जाता है तो वे जगह छोड़ देते हैं। एक आदमी को उसी तरीके से व्यवहार नहीं करना चाहिए (अर्थात मनुष्य को अपने फायदे के लिए देश छोड़ना और वापस आना शोभा नहीं देता)।

श्लोक 14

उपार्जितानां वित्तानां त्याग एव हि रक्षणम्।

तडागोदरसंस्थानां परिदाह इदाम्भससाम्।।

Accumlated wealth is saved by spending, in the same way as water is purified if it has some flow.

संचित धन खर्च से बचाया जाता है, उसी तरह जैसे जल (पानी) प्रवाह से शुद्ध हो जाता है।

श्लोक 15

स्वर्गस्थितानामिह जीवलोके

चत्वारि चिह्नानि वसन्ति देहे।

दानप्रसङ्गो मधुरा च वाणी

देवार्चनं ब्राह्मणतर्पणं च।।

The following signs are same in people in heaven and people in earth (meaning those people who do the below good deeds go to heaven)

- Charity (giving alms)
- Politeness
- Praying to god
- Satisfying brahmins

स्वर्ग और पृथ्वी के लोगों में निम्नलिखित लक्षण समान हैं (अर्थात जो मनुष्य नीचे लिखे कर्म करते हैं वे स्वर्ग जाते हैं)

॥ चाणक्यनीति ॥

- दान

- शिष्टाचार

- भगवान की प्रार्थना करना

- ब्राह्मण को संतुस्ट करना

श्लोक 16

अत्यन्तलेपः कटुता च वाणी

दरिद्रता च स्वजनेषु वैरम्।

नीच प्रसङ्गः कुलहीनसेवा

चिह्नानि देहे नरकस्थितानाम्।।

- Extreme anger
- Bad words
- Poverty
- Infights (fighing with knowns and relatives)
- Company of bad
- And service of low class

These are are similarities between people in hell and earth.

- अति क्रोध

- कटु वचन

- दरिद्रता (गरीबी)

- स्वजन से बैर

- नीच के साथ प्रसंग

- और कुलहीन की सेवा

॥ चाणक्यनीति ॥

ये नर्क और पृथ्वी के लोगों के बीच समानताएं हैं।

श्लोक 17

गम्यते यदि मुगेन्द्रमन्विरे

लभ्यते करिकपोलमौक्तिकम्।

जम्बूकाश्रयगतं च प्राप्यते

वत्सपुच्छखरचर्मखण्डम्।।

If one goes to a lions den he may find the jewels of an elephants forehead. But going to a jackals hole, we may only find a tail of a calf or skin of a donkey. Acharya may have the below two meanings here

- Entreprenership is risky but rewarding
- Company of nobleman is always better.

अगर कोई सिंह को गुफा में जाता है तो उसे हाथियों के माथे के मणि मिल सकती है। लेकिन एक सियार के गड्ढे में केवल एक बछड़े की पूंछ या एक गधे को खाल ही पा सकते हैं।

आचार्य के नीचे दो अर्थ हो सकते हैं

- उद्यमशीलता जोखिम भरा है लेकिन इसका उत्तम पुरुस्कार है
- गुणवान का साथ हमेशा उत्तम है

श्लोक 18

शुनः पुच्छमिव व्यर्थं जीवितं विद्यया विना।

न गुह्यगोपने शक्तं न च दंशनिवारणे।।

॥ चाणक्यनीति ॥

As a dog's tail(which serves no purpose to the dog) a life without knowledge (studies) is worthless. A dogs tail can't cover the private parts and can't ward of the flies.

एक कुत्ते की पूंछ को तरह (जो कुत्ते के लिए किसी काम को नहीं); जीवन बिना किसी विद्या (ज्ञान) के किसी काम का नहीं है। एक कुत्ते को पूंछ उसके निजी अंगों को भी नहीं छुपाती और मक्खियों को भगाने में भी असक्षम होती है ।

श्लोक 19

वाचा च मनसः शौचं शौचमिन्द्रियनिग्रहः।

सर्वभूतदया शौचमेतचछौचं परमार्थिनाम्।।

Purity of speech (not badmouthing), purity of mind, control on senses, mercy on all animals and purity; these are traits of a saintly person.

भाषण की शुद्धता (बुरा नहीं बोलना), मन की शुद्धता, इंद्रियों पर नियंत्रण, सभी जानवरों पर दया और पवित्रता; ये एक संत व्यक्ति के लक्षण हैं।

श्लोक 20

पुष्पे गन्धे तिले तैलं काष्ठे वह्निः पयोघृतम्।

इक्षौ गुडं तथा देहे पश्यात्मानं विवेकतः।।

As there is fragnance in a flower, oil in seeds, fire in woods, butter in milk and jiggery in sugarcane. Likewise there is soul in this physical body and we should wisely look at it.

जैसे फूल में खुशबू, बीज में तेल, सुखी लकड़ियाँ में आग, दूध में मक्खन और गन्ने में गुड़ है। इसी प्रकार इस भौतिक शरीर में आत्मा है और हमें इसे समझना चाहिए।

॥ चाणक्यनीति ॥
अध्याय/Chapter 8

श्लोक 1

अधमा धनमिच्छन्ति धनं मानं च मध्यमाः।
उत्तमा मानमिच्छन्ति मानो हि महतां धनम्।।

The disrespectable people desire for only wealth, the mediocre desire for both respect and wealth. The best people wish only for respect. That is why for the respectable people the honour is the real wealth.

अधमी केवल धन की इच्छा रखते हैं; सामान्य मनुष्य दोनों सम्मान और धन की इच्छा रखते हैं। उत्तम (सर्वश्रेष्ठ) मनुष्य केवल सम्मान ही चाहते हैं। यही कारण है कि प्रतिष्ठित मनुष्यों के लिए सम्मान ही असली धन है।

अधम – The person who are non-abiding to the proper humane conduct, disrespectable person

इच्छा – Desire

मान – respect

मध्यम – mediocre

उत्तम – best

महता – Mahatama, respectable persons

श्लोक 2

इक्षुरापः पयोमूलं ताम्बूलं फलमौषधम्।
भक्षयित्वापि कर्तव्या स्नानदानादिकाः क्रियाः।।

॥ चाणक्यनीति ॥

Sugarcane, water, milk, roots, betal leaf, fruits and medicines. Even after eating these we can take bath and do donations. Probably there was a myth earlier that after eating we can't take bath or do donations.

ईख (गन्ना), पानी, दूध, जड़ें, ताम्बूल (पान), फल और औषधीया (दवाएं)। इनको ग्रहण (खाने) के पश्चात भी हम स्नान कर सकते हैं और दान दे सकते हैं। शायद उस समय आस्था थी कि खाने के बाद हम स्नान नहीं कर सकते या दान नहीं कर सकते और आचार्य यहाँ उस आस्था को गलत कह रहे हैं ।

श्लोक 3

दीपो भक्ष्यते ध्वान्तं कज्जलं च प्रसूयते।
यदन्नं भक्ष्यते नित्यं जायते तादृशी प्रजा।।

The lamp eats up the darkness and produces kajal (black powder); the offsprings we produce also depend on the kind of food we intake. Acharya here intends to speak about the various diets (sattva, rajas, or tamas).

दीपक अंधेरे को खा जाता है और काजल का उत्पादन करता है; हमारी संतानें भी उसी प्रकार हमारे भोजन पर निर्भर करती हैं जो हम सेवन करते हैं। आचार्य यहाँ विभिन्न आहार (सत्व, राज, या ताम) के बारे में बोल रहे हैं, उनका मानना है की सात्विक भोजन से सातिवक संताने पैदा होती हैं.

A **Rajasic** diet is one which is overly spicy or hot, includes food with onion and garlic, coffee, fizzy soft drinks, tea, sugary foods and too much chocolate. These foods may give us a lift in energy but ultimately, we experience a low or increased stress

A **Tamsic** diet consists of dead food such as meat, fish, poultry, eggs, stale food, processed food full of chemical additives, take away fast foods, reheated food, alcohol, cigarettes and drugs of addiction. A sattvic food can become tamasic when processed, old or fried.

These foods and substances do nothing to lift our energy and consciousness, if fact they pull us downward into laziness and inertia. Living on tamasic food and substances will lead to complaints such as obesity, diabetes, heart and liver disease. We will feel unmotivated, be careless, unaware of ourselves and others.

A **Sattvic** diet is pure vegetarian nourishment and includes fresh fruit and vegetables, fruit and vegetable juices, wholemeal bread, pulses, grains and sprouts, nuts, seeds, honey, herbs, milk and dairy products. These foods will raise our consciousness, inspire us to positive action, deeper meditation and unleash our hidden potential and creativity. Sattvic food is cooked with love and eaten with full awareness and gratitude.

श्लोक 4

वित्तं देहि गुणान्वितेषु मतिमान्नान्यत्र देहि क्वचित्
प्राप्तं वारिनिधेर्जलं धनयुचां माधुर्ययुक्तं सदा।
जीवाः स्थावर जङ्गमाश्च सकला सञ्जीव्य भूमण्डलं
भूयं पश्य तदेव कोटिगुणितं गच्छन्त्यम्भोनिधिम्।।

O wise man! Give your wealth only to the worthy and never to others. The clouds take water from the seas and return it back to seas many million times more than it has taken from the seas. The rainwater enlivens all living beings of the earth both movable (insects, animals, humans, etc.) and immovable (plants, trees, etc.), and then returns to the ocean where its value is multiplied a million-fold.

॥ चाणक्यनीति ॥

हे बुद्धिमान मनुष्य! अपनी संपत्ति केवल योग्य को ही दें। उसकी प्रकार जैसे बादल समुद्र से पानी लेते हैं और इसे समुद्र को ही लौटा देते हैं लेकिन कई लाख गुना अधिक महत्व के साथ । बारिश का पानी पृथ्वी के सभी जीवित प्राणियों को - चलने वाले (कीड़े, जानवरों, मनुष्यों, आदि) और अचल (पौधे, पेड़, आदि) - जीवन देता है, और फिर महासागर में लौटता है जहां इसका महत्त्व लाख गुना बढ़ जाता है।

ॐ **श्लोक 5**

चाण्डालानां सहस्रैश्च सूरिभिस्तत्वदर्शिभिः।
एको हि यवनः प्रोक्तो न नीचो चवनात्परः।।

The wise who discern the essence of things have declared that the yavana (wicked person) is equal in baseness to a thousand Chandalas (the lowest class), and hence a yavana is the basest of men; indeed there is no one more base.

बुद्धिमान जो चीजों के सार को समझते हैं, उन्होंने घोषित किया है कि यवन (दुष्ट व्यक्ति) एक हजार चाण्डालों के लिए समान है; और इसलिए एक यवन पुरुषों में सबसे नीच है; वास्तव में कोई उससे नीच नहीं है।

चाण्डाल - pariah, undertaker, lowest caste

चांडाल भारत में व्यक्तियों का एक ऐसा वर्ग है, जिसे सामान्यत

जाति से बाहर तथा अछूत माना जाता है। यह एक प्राचीन अन्त्यज, नीच और बर्बर जाति है। इसे श्मशान पाल, डोम, अंतवासी, थाप, श्मशान कर्मी, अंत्यज, चांडालनी, पुक्कश, गवाशन, चूडा, दीवाकीर्ति, मातंग, श्वपच आदि नामों से भी पुकारा जाता है।

ॐ **श्लोक 6**

तैलाभ्यङ्गे चिताधूमे मैथुने क्षौर कर्मणि।
तावद्भवति चाण्डालो यावत्स्नानं न समाचरेत्।।

॥ चाणक्यनीति ॥

After applying oil, after coming from a funeral, after copulation, after hair cut. After all these acts a person remains a chandal (pariah) till one takes bath.

तेल लगाने के बाद, अंतिम संस्कार से आने के बाद, मैथुन के पश्चात, और बाल कटने के बाद। इन सबके बाद मनष्य तक तक चांडाल समान बना रहता है जब तक कि वह स्नान न कर ले ।

श्लोक 7

अजीर्णे भेषजं वारि जीर्णे तद् बलप्रदम्।
भोजने चामृतं वारि भोजनान्तें विषप्रदम्।।

For indigestion water is a medicine, after digestion water gives strength, at the time of food water is like nectar (to be taken in small amount). But taken at the end of having food water acts as poison.

अपच के लिए जल (पानी) एक दवा है, पानी पाचन को शक्ति देता है। भोजन के समय पानी अमृत जैसा होता है (जिसे काम मात्रा में लिया जाना चाहिए)। लेकिन भोजन के पश्चात् लिया जाने वाला जल, विष का काम करता है।

श्लोक 8

हतं ज्ञानं क्रियाहीनं हतश्चाज्ञानता नरः।
हतं निर्णायकं सैन्यं स्त्रियो नष्टा ह्यभर्तृका।।

The knowledge which is not put to practice is destroyed, ignorance destroys a man. Without a general/commander an army is destroyed, and without his husband a woman is destroyed.

जिस ज्ञान का अभ्यास नहीं किया जाता है वह नष्ट हो जाता है; अज्ञान एक मनुष्य को नष्ट कर देती है। सेना नायक के बिना सेना नष्ट हो जाती है, और पति के बिना एक महिला नष्ट हो जाती है।

॥ चाणक्यनीति ॥

श्लोक 9

वृद्धकाले मृता भार्या बन्धुहस्तगतं धनम्।
भोजनं च पराधीनं तिस्र पुंसां विडम्बना।।

No wife (widower) in old age, given your money in the hands of relatives and depending on others for food. These three are ironic for a man (and leads to his mockery and insults).

बुढ़ापे में कोई पत्नी नहीं (विधुर), अपने पैसे को रिश्तेदारों के हाथों में देना और भोजन के लिए दूसरों पर निर्भर करना। ये तीन एक आदमी के लिए विडंबना है (और उसकी मजाक और अपमान का कारण बनती हैं)।

विडम्बना - irony

श्लोक 10

नाग्निंहोत्रं विना वेदा न च दानं विना क्रिया।
न भावेन विना सिद्धिस्तस्माद् भावो हि कारणम्।।

Reading vedas without sacred fire is useless, without donations (alms) the yajna act is not completed. Without proper sentiments greater accomplishments are not possible, so for success we should have proper sentiments (of hard work, perseverance etc.).

पवित्र अग्नि के बिना वेदों को पढ़ना बेकार है; बिना दान के यज्ञ पूर्ण नहीं होता है। उचित भावनाओं के बिना उपलब्धियां संभव नहीं हैं, इसलिए सफलता के लिए हमें उचित भावनाएं (कड़ी मेहनत, दृढ़ता आदि) चाहियें।

भाव – feelings, gesture, emotion, sentiment

॥ चाणक्यनीति ॥

सिद्धि – accomplishment

श्लोक 11

काष्ठपाषाण धातुनां कृत्वा भावेन सेवनम्।
श्रद्धया च तथा सिद्धिस्तस्य विष्णोः प्रसादतः।।

Even when any wood, stones, metal is worshiped with proper sentiments and dedication. It gives the desired results with Vishnu's blessings.

यहां तक कि जब लकड़ी, पत्थरों, धातु को उचित भावनाओं और समर्पण के साथ पूजा की जाती है; वह भी विष्णु के आशीर्वाद के साथ वांछित परिणाम देती हैं ।

श्लोक 12

न देवो विद्यते काष्ठे न पाषाणे न मृण्मये।
भावे हि विद्यते देवस्तस्माद् भावो हि कारणम्।।

God is not in a wood, stone or a statue. God is present in the emotions and feelings we have.

भगवान एक लकड़ी, पत्थर या एक मूर्ति में नहीं है; ईश्वर हमारी भावनाओं में विद्यमान है।

श्लोक 13

शान्तितुल्यं तपो नास्ति न सन्तोषात्परं सुखम्।
न तृष्णया परो व्याधिर्न च धर्मो दयापरः।।

Like peace there is no austerity, and there is no happiness like contentment. No disease like greed, no religion like mercy.

शांति की तरह कोई तपस्या नहीं है, और संतोष जैसी कोई खुशी नहीं है। लोभ जैसी कोई बीमारी नहीं, और दया जैसा कोई धर्म नहीं।

॥ चाणक्यनीति ॥

तप – austerity, penance

तृष्णा – greed, thirst, craving

ॐ श्लोक 14

क्रोधो वैवस्वतो राजा तृष्णा वैतरणी नदी।
विद्या कामदुधा धेनुः संतोषो नन्दनं वनम्।।

Anger is a personification of Yama (the demigod of death); greed is like the hellish river Vaitarani; knowledge is like a kamadhenu (cow who grants all wishes); and contentment is like Nandanavana (the garden of Indra).

क्रोध यम(मौत का देवता) का प्रतिरूप है; लालच नारकीय (नर्क की) नदी वैतरणी की तरह है; ज्ञान एक कामधेनु की तरह है; और संतोष नंदनवन (इंद्र का बाग) जैसा है।

वैतरणी पुराणों में वर्णित नरकलोक की नदी। गरुड़ पुराण, शंखलिखित स्मृति आदि कुछ ग्रंथों के अनुसार यह शत योजन विस्तीर्ण, तप्त जल से भरी हुई रक्त-पूय-युक्त, मांस-कर्दम-संकुल एवं दुर्गंधिपूर्ण है। इस नदी में पापी प्राणी मरने के बाद (प्रेतशरीर धारण कर) रोते हुए गिरते हैं और भयंकर जीव जंतुओं द्वारा दंशि एवं त्रासित होकर रोते रहते हैं। पापियों के लिए इसके पार जाना अत्यंत कठिन माना गया है। यमलोक में स्थित इस नदी को पार करने के लिए धर्मशास्त्र में कुछ उपाय भी कहे गए हैं।

ॐ श्लोक 15

गुणो भूषयते रूपं शीलं भूषयते कुलम्।
सिद्धिर्भूषयते विद्यां भोगो भूषयते धनम्।।

Character is a like a jewel (and beautifies the physical beauty); righteous conduct beautifies your family name; success decorates your learning; and proper spending decorates your wealth.

॥ चाणक्यनीति ॥

चरित्र एक भूषण (गहना) की तरह है (और भौतिक सौंदर्य को सुशोभित करता है); शील (धार्मिक आचरण) आपके कुल का नाम सुशोभित करता है; सफलता आपके ज्ञान को शोभित करती है; और भोग (उचित खर्च) आपके धन को सुशोभित करता है।

गुण – qualities, character

भूषण – ornaments, decoration

श्लोक 16

निर्गुणस्य हतं रूपं दुःशीलस्य हतं कुलम्।
असिद्धस्य हता विद्या अभोगस्य हतं धनम्।।

Beauty is spoiled by lack of character; noble birth by bad conduct; learning is killed by not being perfected; and wealth by not being properly utilised.

चरित्र की कमी से सौंदर्य का कोई मान नहीं होता; बुरा आचरण द्वारा कुलीन जन्म का महत्व समाप्त होता है; सिद्धि के बिना विद्या का कोई महत्व नहीं है; और धन का भोग के बिना उसके होने का कोई महत्व नहीं है।

श्लोक 17

शुद्धं भूमिगतं तोयं शुद्धा नारी पतिव्रता।
शुचिः क्षेमकरो राजा सन्तोषी ब्राह्मण शुचिः।।

Water seeping into the earth is pure; and a devoted wife is pure; the king who is the benefactor of his people is pure; and pure is the brahmana who is contented.

भूमिगत जल शुद्ध है; और एक समर्पित पत्नी शुद्ध है; राजा जो प्रजा के लिए परोपकारी हैं, वह शुद्ध है; और ब्राह्मण जो संतुष्ट है वह शुद्ध है।

श्लोक 18

|| चाणक्यनीति ||

असन्तुष्टा द्विजा नष्टाः सन्तुष्टाश्च महीभूलः।
सलज्जा गणिका नष्टानिर्लज्जाश्च कुलाङ्गनाः।।

Discontented brahmanas, contented kings, shy prostitutes,
and immodest housewives are ruined.

असंतुष्ट ब्राह्मण, संतुष्ट राजा, लजाती वेश्या, और अशिष्ट गृहिणियों का
जल्द ही नाश होता है।

गणिका – courtesan, prostitute

ॐ ## श्लोक 19

किं कुलेन विशालेन विद्याहीने च देहिनाम्।
दुष्कुलं चापि विदुषी देवैरपि हि पूज्यते।।

What is the importance of birth in a high family if the
person is uneducated, a knowledgable person even when
belonging to a low family is revered by gods.

एक उच्च परिवार में जन्म का महत्व क्या है यदि व्यक्ति अशिक्षित है;
एक ज्ञानी चाहे नीच परिवार से हो, वह देवताओं से सम्मानित होता है।

विशाल – great, big

पूजा – worship, honor, revered

ॐ ## श्लोक 20

विद्वान् प्रशस्यते लोके विद्वान् सर्वत्र गौरवम्।
विद्यया लभते सर्वं विद्या सर्वत्र पूज्यते।।

A learned man is honoured by the whole world. A learned
man commands respect everywhere for his learning.
Learning benefits everyone, and a learned man is revered
everywhere.

॥ चाणक्यनीति ॥

विद्वान पूरे विश्व से सम्मानित होता है, विद्वान अपने ज्ञान के लिए हर जगह सम्मान पता है। विद्या से सभी का लाभ होता है, और एक ज्ञानी हर जगह सम्मानित किया जाता है।

श्लोक 21

मांसभक्ष्यैः सुरापानैमूर्खैश्छास्त्रवर्जितैः।
पशुभिः पुरुषाकारैण्क्रान्ताऽस्ति च मेदिनी।।

The earth is loaded in excess with the weight of the flesh-eaters, wine drinkers and fools, who are beasts in the form of men.

धरती मांस खाने वालों, शराब पीने वालों और मूर्खों के वजन से बोझ में है। इन प्रवर्तियों वाले मनुष्य, पशु समान हैं।

मांस – flesh

सुरा – alcohol

श्लोक 22

अन्नहीनो दहेद्राष्ट्रं मन्त्रहीनश्च ऋत्विजः।
यजमानं दानहीनो नास्ति यज्ञसमो रिपुः।।

A grainless yagna (i.e. post yajna no feast – feeding poor and needy) burns the state; also the Brahmins who don't have proper knowledge of matras lead to destruction of state. The Yajaman (host) who seeks to perform yajna also burns if he doesn't do donations. Hence there is no enemy as a yagna.

अनाज के अभाव में यज्ञ (यानी यज्ञ के बाद - गरीब और जरूरतमंद का भोज) राज्य को जलाता है; ब्राह्मणों को यदि मन्त्रों का सही ज्ञान नहीं है तो भी राज्य का विनाश होता है। यजमान जो यज्ञ कराता है वह भी

॥ चाणक्यनीति ॥

जलता है अगर वह दान नहीं करता है। इसलिए यज्ञ जैसा कोई शत्रु नहीं
है।

मार्तण्ड सूर्य मंदिरMartand Sun Temple

॥ चाणक्यनीति ॥

अध्याय/Chapter 9

ॐ

श्लोक 1

मुक्तिमिच्छसि चेतात विषयान् विषवत् त्यज।

क्षमाऽऽर्जवदयाशौचं सत्यं पीयूषवत् पिब।।

Dear respectable man, if you desire to be free from the cycle of birth and death, then abandon the objects of sense gratification as poison. Drink instead the nectar of forbearance, upright conduct, mercy, cleanliness and truth.

हे तात, यदि आप जन्म और मृत्यु के चक्र से मुक्त होने की इच्छा रखते हैं, तो इन्द्रियों को संतुस्ट करने वाली वस्तुओं को विष के समान त्याग दें। इसके बजाये धैर्य, ईमादारी, सही आचरण, क्षमा और सच्चाई रूपी अमृत ग्रहण करें।

तात - पूज्य और बड़ा माननीय व्यक्ति

ॐ

श्लोक 2

परस्परस्य मर्माणि ये भाषन्ते नराधमाः।

ते एव विलयं यान्ति वल्मीकोदरसर्पवत्।।

Those base men who speak of the secret faults of others destroy themselves like serpents that stray onto anthills.

जो धर्म विहीन व्यक्ति दूसरों के मर्म (राज़) अन्य लोगों को बताते फिरता है,

वो चींटियों के बांबी के अंदर घूसे साँप के समान नष्ट हो जाता है ।

परस्पर – constantly

॥ चाणक्यनीति ॥

मर्म - secrets

श्लोक 3

गन्धं सुवर्णे फलमिक्षुदण्डे

नाकारिपुष्पं खलु चन्दनस्य।

विद्वान धनी भूपतिदीर्घजीवी

धातुः पुरा कोऽपि न बुद्धिदोऽभूत्।।

In gold there is no fragnance, no fruit in sugarcane, no flowers on a Chandan tree, a vidhwan (knowledgable person) is never rich and a king doesn't live long. Perhaps there was none to give knowledge to the creator (god).

सोने में कोई सुगंध नहीं; गन्ने में कोई फल नहीं; चंदन के पेड़ पर कोई फूल नहीं; विद्वान को धन नहीं; राजा को लम्बी आयु नहीं । शायद विधाता को उत्पत्ति के समय ज्ञान देने वाला कोई नहीं था ।

श्लोक 4

सर्वौषधीनाममममृतं प्रधानं

सर्वेषु सौख्येष्वशनं प्रधानम्।

सर्वेन्द्रियाणां नयनं प्रधानं

सर्वेषु गात्रेषु शिरः प्रधानम्।।

In all medicines nectar (amrut) is main, among all the pleasures food is main, among all senses the eyes are main and among all body parts the head is main.

॥ चाणक्यनीति ॥

सभी दवाओं में अमृत मुख्य होता है, सभी सुखों में भोजन मुख्य होता है, सभी इंद्रियों में आंखें मुख्य होती हैं और सभी शरीर के अंगों में सिर मुख्य होता है।

श्लोक 5

दूतो न सञ्चरित खे न चलेच्च वार्ता

पूर्वं न जल्पितमिदं न च सङ्गमोऽस्ति।

व्योम्निस्मिं रविशशिग्रहणं प्रशस्तं

जानाति यो द्विजवरः स कथं न विद्वान्।।

A messenger can't be sent to skies, and we can't have conversations with the inhabitants of the skies. Hence the Brahmin who predicts the solar and lunar eclipse must be considered a vidwana (man of great learnings).

एक दूत आकाश में नहीं भेजा जा सकता है, और हम आसमान के निवासियों के साथ बातचीत नहीं कर सकते। इसलिए ब्राह्मण जो सौर और चंद्र ग्रहण की भविष्यवाणी करता है, उसे विदवान (ज्ञानी) माना जाना चाहिए।

द्विज – Brahmin

श्लोक 6

विद्यार्थी सेवकः पान्थः क्षुधार्तो भयकातरः।

भाण्डारी च प्रतिहारी सप्तसुप्तान् प्रबोधयेत।।

A student, one who is helping, a traveler, a hungry person, a frightened person, in charge of grains and a watchman should be awakened if they fall asleep.

॥ चाणक्यनीति ॥

विद्यार्थी, सेवक, पथिक, भूखे व्यक्ति, भयभीत व्यक्ति, अनाज के प्रभारी और चौकीदार को तुरंत जगाना चाहिए, यदि वे सोते हों।

श्लोक 7

अहिं नृपं च शार्दूलं वराटं बालकं तथा।

परश्वानं च मूर्खं च सप्तसुप्तान् बोधयेत्।।

A king, a snake, hunter, wasps, child, another's dog and a fool; don't wake them up if they are sleeping.

राजा, सर्प, शिकारी, जहरीली मक्खी, बच्चे, दूसरे का कुत्ता और मूर्ख; अगर वे सो रहे हैं उन्हें जगाना नहीं चाहिए।

श्लोक 8

अर्थाधीताश्च यैर्वेदास्तथा शूद्रान्नभोजिनः।

ते द्विजाः किं करिष्यन्ति निर्विषा इव पन्नगाः।।

Those who acquired knowledge of vedas for earning OR those who eat food offered by shudras. Those brahmins can't do anything, they are similar to a poisonless snake (can't do any harm even for self defence).

जो लोग धन अर्जन के लिए वेदों का ज्ञान प्राप्त करते हैं या जो शूद्रों द्वारा प्रस्तुत भोजन खाते हैं। वे ब्राह्मण कुछ भी नहीं कर सकते हैं, वे विष रहित सर्प समान होते हैं (आत्मरक्षा के लिए भी किसी को नुकसान नहीं पहुंचा सकते)।

श्लोक 9

॥ चाणक्यनीति ॥

यस्मिन् रुष्टे भयं नास्ति तुष्टे नैव धनागमः।

निग्रहोऽनुग्रहो नास्ति स रुष्टः किं करिष्यति।।

One whose anger doesn't cause any fear and whose happyness doesn't grant any riches. He who never punishes anybody or favours anyone. What would he gain by becoming angry.

जिस का क्रोध किसी भी डर का कारण नहीं है और जिसकी खुशहाली किसी को धन नहीं देती है. वह जो कभी किसी को सज़ा नहीं देता है या किसी का पक्ष नहीं लेता. क्रोध (गुस्सा) होकर उसे क्या लाभ होगा?

रुष्ट – angry, displeased with others

अनुग्रह – grace, favour

ॐ **श्लोक 10**

निर्विषेणापि सर्पेण कर्तव्या महती

विषमस्तु न वाप्यस्तु घटाटोपो भयङ्करः।।

Even when a snake is poisonless, he should spread his hood and intimidate. The act is intimidating even when there is no poison. Acharya here means that a man should always display his strengths (he can tell them multifold), but never his weaknesses.

अगर के सर्प विष रहित है तब भी उसे अपन फ़न को फैलाना चाहिए और दूसरों को भयभीत करना चाहिए। यह नाटक सबको भयभीत कर सकता है, विष भय के लिए आवश्यक नहीं होता है। आचार्य का तात्पर्य है कि मनुष्य को अपनी शक्तियों को हमेशा प्रदर्शित करना चाहिए, लेकिन अपनी कमजोरियों को कभी नहीं।

ॐ **श्लोक 11**

॥ चाणक्यनीति ॥

प्राप्त द्यूतप्रसङ्गेन मध्याह्ने स्त्रीप्रसङ्गतः।

रात्रौ चौरप्रसङ्गेन कालो गच्छति धीमताम्।।

Wise men spend their mornings in discussing gambling, the afternoon discussing the activities of women, and the night hearing about the activities of theft. (The first item above refers to the gambling of King Yudhisthira, the great devotee of Krsna. The second item refers to the glorious deeds of mother Sita, the consort of Lord Ramachandra. The third item hints at the adorable childhood pastimes of Sri Krsna who stole butter from the elderly cowherd ladies of Gokula. Hence Chanakya Pandita advises wise persons to spend the morning absorbed in Mahabharata, the afternoon studying Ramayana, and the evening devotedly hearing the Srimad-Bhagvatam.)

बुद्धिमान पुरुष जुआ पर चर्चा करने में अपनी सुबह बिताते हैं, दोपहर महिलाओं की गतिविधियों पर चर्चा करते हैं, और चोरी की गतिविधियों के बारे में रात की सुनवाई करते हैं। (उपरोक्त पहली वस्तु, राजा युधिष्ठिर की जुआ को संदर्भित करती है। दूसरा माता सीता के गौरवशाली कार्यों को संदर्भित करता है। तीसरा श्री कृष्ण के आराध्य बचपन के समय को संकेत करता है. इसीलिए चाणक्य पंडित महाभारत को सुबह में समाहित करने के लिए बुद्धिमान व्यक्तियों को सलाह देते हैं, दोपहर रामायण का अध्ययन करने को कहते हैं, और शाम को श्रीमद-भगवत को निष्ठा से सुनने को कहते हैं।

ॐ **श्लोक 12**

स्वहस्तग्रथिता माला स्वहस्तघृष्टचन्दनम्।

स्वहस्तलिखितस्तोत्रं शक्रस्यापि श्रियं हरेत्।।

॥ चाणक्यनीति ॥

A garland created by self hands, chandan paste created by self and writing the sacred texts by ones own hands. These can get and grant you the opulence of Indra.

स्वयं अपने हाथों से बनाई गई माला (प्रभु को अर्जन करने के लिए), स्वयं द्वारा बनाई गई चंदन लेप (पभु के लिए) और अपने हाथों से पवित्र ग्रंथों को लिखना। ये सब आपको इंद्र जैसे धन की प्राप्ति कराते हैं ।

श्लोक 13

इक्षुदण्डास्तिलाः शूद्रा कान्ताकाञ्चनमेदिनी।

चन्दनं दधि ताम्बूलं मर्दनं गुणवर्धनम्।।

Sugarcane, seeds, shudra, woman, gold, earth, sandal, curd, betal leaf. The properties of these are enhanced by strict dealing.

गन्ना, बीज, शूद्र, महिला, सोना, पृथ्वी, चंदन, दही, पान। इनके गुण मर्दन से और बढ़ जाते हैं।

कांता – beautiful woman, wife

मर्दन – rubbing, strict dealing

श्लोक 14

दरिद्रता धीरयता विराजते

कुवस्त्रता स्वच्छतया विराजते।

कदन्नता चोष्णतया विराजते

कुरूपता शीलतया विराजते।।

Patience can make even poor look beautiful, a clean cloth makes even bad clothes beautiful, after heating even old

॥ चाणक्यनीति ॥

food becomes sweet, and the good manners and proper behavior can make even an ugly person look beautiful.

धैर्य दरिद्र को भी शोभित करता है; स्वछता कुचले (पुराने) वस्त्र को भी सुन्दर कर सकती है; गर्म करने के बाद बासी भोजन भी मीठा हो जाता है; और अच्छा शिष्टाचार और उचित व्यवहार से एक बदसूरत व्यक्ति भी सुंदर लग सकता है।

सूर्य मंदिर, मोडेरा/ Sun Temple, Modhera

|| चाणक्यनीति ||
अध्याय/Chapter 10

श्लोक 1

धनहीनो न च हीनश्च धनिक स सुनिश्चयः।

विद्या रत्नेन हीनो यः स हीनः सर्ववस्तुषु।।

A person with without money is not considered lowly, indeed he is wealthy. A man who doesn't have knowledge is low in all things. Here Acharya means that material wealth doesn't make us superior.

धन के अभाव से व्यक्ति हीन (नीच) नहीं होता, वास्तव में वह अमीर है। विद्या रत्न का अभाव मनुष्य को हीन बनता है। यहां आचार्य का तात्पर्य है कि भौतिक धन हमें उत्तम नहीं बनाता ।

हीन – lowly, inferior.

निश्चय - indeed

धन - riches

श्लोक 2

दृष्टिपूतं न्यसेत् पादं वस्त्रपूतं जलं पिवेत्।

शास्त्रपूतं वदेद् वाक्यं मनः पूतं समाचरेत्।।

It's best to watch and tread path, filter water with cloth and then drink. Make statements after purifying them with knowledge of shastras and behave after careful deliberation in your thoughts.

पथ को देखकर और जानकर उसपर चलना चाहिए, कपड़े से छानकर पानी पीना उचित है । शास्त्रों के ज्ञान से शुद्ध करने के बाद वाक्य

॥ चाणक्यनीति ॥

बोलना उचित है; और अपने चित में विचार करने के बाद आचरण करना उचित है।

ॐ
श्लोक 3

सुखार्थी चेत् त्यजेद्विद्यां त्यजेद्विद्यां विद्यार्थी चेत् त्यजेत्सुखम्।

सुखार्थिनः कुतो विद्या कुतो विद्यार्थिनः सुखम्।।

A man who wants pleasure should forsake knowledge, and a student should forsake all happiness. Where is knowledge to the people who aim for pleasures and where are the pleasures for the knowledge seeking students.

सुख के अर्जन करने वाले को ज्ञान को त्यागना चाहिए, और विद्यार्थी को सभी सुख त्यागना चाहिए। जिसका लक्ष्य सुख है उसे ज्ञान कहाँ; और जहां विद्यार्थी को सुख कहाँ।

सुख – happiness, pleasure

विद्यार्थी – student

ॐ
श्लोक 4

कवयः किं न पश्यन्ति किं न कुर्वन्ति योषितः।

मद्यपा किं न जल्पन्ति किं न खादन्ति वायसाः।।

What is that the poets can't see, what is that the woman can't do, what is that a drunkard can't say and what is that a crow can't eat.

॥ चाणक्यनीति ॥

कवि क्या नहीं देख सकते हैं; वह क्या है जो महिला नहीं कर सकती; वह क्या है जो एक शराबी नहीं कह सकता है और क्या है जो एक कौवा नहीं खा सकता है।

पश्यन्ति - see

श्लोक 5

रङ्कं करोति राजानं राजानं रङ्कमेव च।

धनिनं निर्धनं चैव निर्धनं धनिनं विधिः।।

A pauper can' become a king and a king can become a pauper. A wealthy can become poor and a poor can become a rich. Thus fate can change ones fortune.

एक रंक (दरिद्र/गरीब) राजा बन सकता है और एक राजा रंक बन सकता है। एक अमीर गरीब हो सकता है और एक गरीब समृद्ध बन सकता है। इस प्रकार भाग्य मनुष्य के दिन बदल सकता है।

श्लोक 6

लुब्धानां याचकः शत्रुर्मूर्खाणां बोधकः रिपुः।

जारस्त्रीणां पतिः शत्रुश्चौराणां चन्द्रमा रिपुः।।

A pauper seeking alms to a miser is his (miser's) enemy, a good counsellor is enemy to a fool. Husband is enemy of an adulterous woman, and for thieves' moon is an enemy.

कंजूस से भिक्षा मांगने वाला उसका (कंजूस का) शत्रु समान है; एक अच्छा सलाहकार मूर्ख के लिए शत्रु समान है; पति एक व्यभिचारी पत्नी के शत्रु समान है; और चोरों के लिखे चंद्र (चन्द्रमा) शत्रु समान है।

रिपु – enemy, foe

॥ चाणक्यनीति ॥

याचक – Asking for alms (begger)

शत्रु – enemy, foe

ॐ

श्लोक 7

येषां न विद्या न तपो न दानं

न चापि शीलं च गुणो न धर्मः।

ते मर्त्यलोके भुवि भारभूता

मनुष्यरुपेण मृगाश्चरन्ति।।

Those who have no knowledge, no tapa (penance), no alms giving nature, no good disposition, no qualities, no dharma. They are burden on earth. In human form they are like a deer running here and there.

जिन लोगों के पास ज्ञान नहीं है; तप (तपस्या) नहीं, दानवीर आचरण नहीं, अच्छा स्वभाव नहीं; कोई गुण नहीं; कोई धर्म नहीं। वे पृथ्वी पर बोझ हैं; मानव रूप में वे, यहाँ और वहां चल रहे हिरण की तरह हैं।

भार – burden

मर्त्यलोक – A place where people die (earth)

मृग – deer.

श्लोक 8

अन्तःसार विहीनानामुपदेशो न जायते।

मलयाचलसङ्गसर्गात् न वेणुश्चन्दनायते।।

|| चाणक्यनीति ||

There is no use of giving good advice (preach) to people without character. From the company of Malayachal (a forest where Sandal wood is prime), not all trees become Sandal wood.

चरित्रहीनो को अच्छी सलाह (उपदेश) देने का कोई फायदा नहीं है मलयाचल (एक जंगल जहां चंदन लकड़ी प्रमुख है) में रहने वाले सभी वृक्ष चन्दन नहीं होते।

सार – essence, character, gist

उपदेश – preaching, sermon

श्लोक 9

यस्य नास्ति स्वयं प्रज्ञा शास्त्रं तस्य करोति किम्।

लोचनाभ्यां विहीनस्य दर्पणः किं करिष्यति।।

One who doesn't have self wisdom can't do anything with the wisdom contained in the shastras (the ancient wisdom). A man who can't see doesn't have any use of a mirror.

जिसको स्वयं का ज्ञान नहीं है वह शास्त्रों में निहित ज्ञान से कुछ भी नहीं कर सकता है। एक आदमी जो देख नहीं सकता है (अँधा है) उसे दर्पण का कोई उपयोग नहीं है।

प्रज्ञा – wisdom, understanding

विहीन- lacking

दर्पण - mirror

श्लोक 10

दुर्जनं सज्जनं कर्तुमुपायो न हि भूतले।

॥ चाणक्यनीति ॥

अपानं शतधा धौतं न श्रेष्ठमिन्द्रियं भवेत्।।

In this earth there is no solution to convert a wicked person to a gentleman. Even after washing hundred times the anus would never become the best body part.

इस पृथ्वी में एक दुष्ट व्यक्ति को सज्जन बनाने का कोई उपाय नहीं है। सौ गुना धोने के बाद भी गुदा, शरीर में श्रेष्ठ इन्द्रिय नहीं बन जाता।

सज्जन – gentleman

दुर्जन – wicked person

शत -hundred

श्लोक 11

आप्तद्वेषाद् भवेन्मृत्युः परद्वेषात्तु धनक्षयः।

राजद्वेषाद् भवेन्नाशो ब्रह्मद्वेषात्कुलक्षयः।।

By having hatred/malice towards kin's, life is lost; by having malice to others, wealth is lost; by having hatred to the king, everything is lost; and by having malice towards brahma (the creator) kula (family) is ruined.

अपनों से द्वेष (नफरत) से मृत्यु होती है; परायों से द्वेष होने से धन का नाश होता है। राजा से द्वेष पर सब कुछ नष्ट हो जाता है, और ब्रह्मा (शायद आचार्य यहाँ ब्राह्मणो का विचार कर रहे हैं) से द्वेष करके सम्पूर्ण कुल (परिवार) का नाश हो जाता है।

द्वेष – malice, hatred

श्लोक 12

वरं वनं व्याघ्रगजेन्द्रसेवितं

॥ चाणक्यनीति ॥

द्रुमालयः पत्रफलाम्बु सेवनम्।

तृणेशु शय्या शतजीर्णवल्कलं

न बन्धुमध्ये धनहीनजीवनम्।।

It is better to live under a tree in a jungle inhabited by tigers and elephants, to maintain oneself in such a place with ripe fruits and spring water, to lie down on grass and to wear the ragged barks of trees than to live amongst one's relations when reduced to poverty.

बाघों और हाथियों वाले वन (जंगल) में एक पेड़ के नीचे रहने के लिए बेहतर है; वहां बहने वाले जल को पीना और वहां फलों को खाना अच्छा है; वहां घास पर सोना और पेड़ों की छाल को पहनना अच्छा है। जब आप धनहीन हो जाएं तो बंधुओं के साथ रहने से ये कही अच्छा है।

श्लोक 13

विप्रो वृक्षस्तस्य मूलं सन्ध्या

वेदाः शास्त्रा धर्मकर्माणि पत्रम्।

तस्मान्मूलं यत्नतो रक्षणीयं

छिन्ने मूले नैव शाखा न पत्रम्।।

The brahmana (Brahmin) is like a tree; his prayers are the roots, his chanting of the Vedas are the branches, and his religious acts are the leaves. Consequently, effort should be made to preserve his roots for if the roots are destroyed there can be no branches or leaves.

॥ चाणक्यनीति ॥

ब्राह्मण (ब्राह्मण) एक वृक्ष (पेड़) की तरह है; संध्या (प्रार्थनाएं) जिसकी जड़ें हैं; वेदों का जप जिसकी शाखाएं हैं; और धार्मिक कृत्य जिसके पत्ते हैं। इसलिए इसकी जड़ें बचाई जानी चाहिए (अर्थात ब्राह्मण को संध्या कर्म नित्य करना चाहिए), क्योंकि जड़ों के बिना कोई शाखाएं या पत्ते न होंगे।

विप्र - Brahmin

श्लोक 14

माता च कमला देवी पिता देवो जनार्दनः।

बान्धवा विष्णुभक्ताश्च स्वदेशो भुवनत्रयम्।।

Whose mother is Kamala devi (goddess Lakshmi), father Lord Janardana (Vishnu) and kinsmen are the Vishnu-bhaktas. For him all the three worlds are homeland.

जिसकी मां कमला देवी (देवी लक्ष्मी) समान हैं, पिता भगवान जनार्दन (विष्णु) समान हैं और रिश्तेदार विष्णु-भक्त हैं। उसके लिए तीनो लोक स्वदेश में ही हैं।

श्लोक 15

एक वृक्षे समारूढा नानावर्णविहङ्गमाः।

प्रभाते दिक्षु गच्छन्ति तत्र का परिवेदना।।

In one tree there would be many birds of different kinds sitting in the evening, but they all wander to different directions in the morning. Why to grief on the separation. Perhaps Acharya here means either a) don't grief on death or separation b) don't expect much from others, they may use you for a while and leave you.

एक पेड़ में शाम में विभिन्न प्रकार के कई पक्षी बैठे होंगे, लेकिन वे सभी सुबह अलग-अलग दिशाओं में घूमते रहते हैं। विदाई पर दुःख क्यों?

॥ चाणक्यनीति ॥

शायद यहां आचार्य का मतलब है

क) मृत्यु या विदाई पर दुःख न करें। ख) दूसरों से ज्यादा उम्मीद नहीं करें, वे थोड़ी देर के लिए आपको इस्तेमाल कर सकते हैं और तत्पश्चात आपको छोड़ सकते हैं।

वेदना – grief, torment,

श्लोक 16

बुद्धिर्यस्य बलं तस्य निर्बुद्धेस्तु कुतो बलम्।

वने सिंहो मदोन्मत्तः शशकेन निपातितः।।

He who possesses intelligence is strong; how can the man that is unintelligent be powerful? The lion of the forest having lost his senses by intoxication was tricked into a well by a small rabbit. (referring to a story in Panchtantra).

जिसके पास बुद्धि है वह शक्तिशाली (बली) है; बिना बुद्धि व्यक्ति कैसे शक्तिशाली हो सकता है? मद में रहने वाले जंगल के सिंह (शेर)को एक खरगोश ने कुवें में डाल दिया। (पंचतंत्र की कहानी)

एक शेर अपने घमंड के कारण जंगल में प्रतिदिन कई जानवरों को मारा करता था. इससे पीड़ित जानवरों ने शेर से विनती की और निश्चित किया की वह प्रतिदिन शेर के लिए एक पशु भेजेंगे. तद्पश्चात प्रतिदिन शेर को उसकी गुफा में एक जानवर मिल जाता. जब खरगोश की बारी आई तो वह गुफा में बहुत देरी से पंहुचा; शेर गुर्राया और उसने देरी का कारण पूछा. खरगोश बोला जंगल में दूसरा शेर है, शेर बोला मुझे दिखाओ कहाँ है, मैं उसे अभी मारता हूँ. खरगोश शेर को कुवें मे ले गया, शेर ने अपनी परछाई देखी और गुर्राया. अपनी आवाज़ की प्रतिध्वनि (गूंज)

॥ चाणक्यनीति ॥

सुनके वह और क्रुद्ध हो गया और दूसरे शेर को मरने कुवें मैं कूद गया. इस तरह खरगोश की चालाकी से सारे जंगल को राहत मिली.

श्लोक 17

का चिन्ता मम जीवने यदि हरिर्विश्वम्भरो गीयते

नो चेदर्भकजीवनाय जननीस्तन्यं कथं निर्मयेत्।

Together with Shloka 18

श्लोक १८ के साथ

श्लोक 18

इत्यालोच्य मुहुर्मुहुर्यदुपते लक्ष्मीपते केवलं

त्वत्पादाम्बुजसेवनेन सततं कालो मया नीयते।।

Why should I be concerned for my maintenance while absorbed in praising the glories of Lord Vishwambhara (Vishnu), the supporter of all? Without the grace of Lord Hari, how could milk flow from a mother's breast for a child's nourishment? Repeatedly thinking only in this way, O Lord of the Yadus, O husband of Lakshmi, all my time is spent in serving Your lotus feet.

भगवान विष्णु की महिमा गान करते समय, मुझे क्यों चिंता होगी? भगवान हरि की कृपा के बिना, एक बच्चे के पोषण के लिए मां के स्तन से दूध कैसे आ सकता है? बार-बार इस तरह से सोचकर, हे भगवान, मेरा समय आपके कमल पदों (पैरों) की सेवा मैं व्यतीत होता है।

॥ चाणक्यनीति ॥

श्लोक 19

गीर्वाणवाणीषु विशिष्टबुद्धि

स्तथाऽपि भाषान्तर लोलुपोऽहम्।

यथा सुरगणेष्वमृते च सेविते

स्वर्गांगनानामधरासवे रुचिः।।

Even though sanskrit language contains all the knowledge,
I am greedy to learn other languages as well. Same as the
devtas (gods) even after drinking nectar are greedy to kiss
the apsaras.

हालांकि संस्कृत भाषा में सभी ज्ञान शामिल हैं, मैं भी अन्य भाषाओं को
सीखने के लिए भी लालची (उत्सुक) हूं। जैसे अमृत पीने के बाद भी
देवता, अप्सराओं को चुम्बन करने के लिए लालची हैं।

श्लोक 20

अन्नाद् दशगुणं पिष्टं पिष्टाद् दशगुणं पयः।

पयसोऽष्ट गुणं मांसं मांसाद् दशगुणं घृतम्।।

The flour of a cereal gives ten times more strength than
the cereal itself. Milk gives ten time more strength than the
flour. Meat gives ten times more strength than the meat.
But ghee gives ten times more strength than the meat.

आटे से अनाज के मुकाबले दस गुना अधिक शक्ति होती है। दूध आटे
से दस गुना ज्यादा ताकत देता है। मांस दूध की तुलना में दस गुना
अधिक शक्ति देता है। लेकिन घी मांस की तुलना में दस गुना अधिक
शक्ति देता है।

॥ चाणक्यनीति ॥

घृत – ghee.

श्लोक 21

शोकेन रोगाः वर्धन्ते पयसा वर्धते तनुः।

घृतेन वर्धते वीर्य मांसान्मांसं प्रवर्धते।।

From Sorrow, diseases; from milk, body; from ghee (purified butter) semen, and from meat, fat increases.

दुख से बीमारियों; दूध से शरीर; घी (शुद्ध मक्खन) से वीर्य, और मांस से वसा बढ़ती है।

मौर्य वंश के सिक्के/Coins from Mauryan Dynasty

॥ चाणक्यनीति ॥

अध्याय/Chapter 11

श्लोक 1

दातृत्वं प्रियवक्तृत्वं धीरत्वमुचितज्ञता।

अभ्यासेन न लभ्यन्ते चत्वारः सहजा गुणाः।।

Kindness, talking politely, patience and knowledge of the right. We can't learn these by practicing, these are natural qualities of a person.

दया; विनम्रता से बात करना; धैर्य; और सही का ज्ञान. हम अभ्यास के द्वारा इन्हें नहीं सीख सकते, ये एक व्यक्ति के प्राकृतिक गुण हैं.

श्लोक 2

आत्मवर्गं परित्यज्य परवर्गं समाश्रयेत्।

स्वयमेव लयं याति यथा राज्यमधर्मतः।।

One who forsakes his own people (kins) for staying with other people. He gets destroys in the same way as a king who forsakes the right dharma.

जो अन्य लोगों के साथ रहने के लिए अपने ही लोगों (बंधुओं) को त्याग देता है. वह उसी तरह नष्ट हो जाता है जैसे राजा जो सही धर्म को त्याग देने पर नष्ट हो जाता है।

परित्यज्य – forsake, leave

लय – destruction

श्लोक 3

हस्ती स्थूलतनुः स चाङ्कुश वश किं हसितमात्रोंऽकुशः।

॥ चाणक्यनीति ॥

दीपे प्रज्वलिते प्रणश्यति तमः किं दीपमात्रं तमः।।

With Shlok 4

श्लोक ४ के साथ

ॐ **श्लोक 4**

वज्रेणभिहताः पतन्ति गिरयः किं वज्रमात्रं नगाः।

तेजो यस्य विराजते स बलवान् स्थूलेषु कः प्रत्ययः।।

Elephant has a massive body still he is in control by goad, does it mean goad is equal to the elephant. From a lamps light darkness is extinguished, does it means lamp is equal to the darkness. From lightening mountains fall, does it mean lighting is equal to mountains. One who has brilliance has more strength, thickness has no meaning.

हाथी का एक बड़ा शरीर अभी भी है, तब भी वह अंकुश से नियंत्रण में है; क्या इसका मतलब यह है कि अंकुश हाथी के बराबर बली है। दीपक के प्रकाश से अंधेरा दूर हो जाता है , क्या इसका मतलब है कि दीपक अंधकार के बराबर है। बिजली गिरने पर पहाड़ टूट जाते हैं, क्या इसका मतलब बिजली पहाड़ों के समान है।

जिसमें अधिक प्रतिभा है वही अधिक बली है, स्थूलता (मोटाई) का कोई अर्थ नहीं है।

अंकुश – elephant goad

तम – darkness

तेज – lustre, brilliance

स्थूल – fat, thick

ॐ **श्लोक 5**

|| चाणक्यनीति ||

कलौ दशसहस्राणि हरिस्त्यजति मेदिनीम्।

तदर्द्धे जाह्नवी तोयं तदर्द्धे ग्रामदेवता।।

After completing ten thousand years lord Vishnu leaves earth. Half of that period ganga (river) leaves earth and half of that period the village deity leave village.

दस हजार वर्ष पूरा करने के बाद भगवान विष्णु पृथ्वी को छोड़ देते हैं; उस अवधि का आधे में गंगा (नदी) पृथ्वी को छोड़ देती है और उस अवधि आधे में ग्राम देवता गांव छोड़ देते हैं.

हरि – lord Vishnu

ग्रामदेवता – village deity

श्लोक 6

गृहासक्तस्य नो विद्या न दया मांसभोजिनः।

द्रव्य लुब्धस्य नो सत्यं न स्त्रैणस्य पवित्रता।।

A person enamoured (having foolish or unreasonable fondness) with home can't learn much(has no knowledge), there is no mercy on a meat eating person, a drunkard doesn't speak truth, and a man of loose character can't be pious.

गृह आसक्ति वाले व्यक्ति को विद्या नहीं; मांस खाने वाले को दया नहीं; शराबी को सच्चाई नहीं; और व्यभिचारी को पवित्रता नहीं.

गृह – home

आसक्त – indulge, enamoured

दया – mercy

॥ चाणक्यनीति ॥

मांस – meat

पवित्र - pious

श्लोक 7

न दुर्जनः साधुदशामुपैति

बहु प्रकारैरपि शिक्ष्यमाणः।

आमूलसिक्तं पयसा घृतेन

न निम्बवृक्षोः मधुरत्वमेति।।

A wicked person can't become sadhu (a learned man), even after multiple teachings. Same as a neem tree even when irrigated with milk and ghee can't become sweet.

कई प्रकार की शिक्षा के पश्चात भी एक दुष्ट व्यक्ति साधु नहीं बन सकता; ठीक उसी प्रकार जैसे दूध और घी से सिंचित होने पर भी नीम मीठा नहीं हो सकता ।

श्लोक 8

अन्तर्गतमलो दुष्टस्तीर्थस्नानशतैरपि।

न शुद्धयतियथाभाण्डं सुरया दाहितं च तत्।।

One who has a sinful heart is wicked, he can't be pious even after taking hundred bath in holy water. Same like an alcohol vessel can't be cleaned even after burning in fire.

पापी और दुष्ट जल में सौ स्नान करने के बाद भी पवित्र नहीं हो सकता। ठीक वैसे ही जैसे आग में जलने के बाद भी शराब पत्र शुद्ध नहीं होता ।

सुरा – alcohol

श्लोक 9

॥ चाणक्यनीति ॥

न वेत्ति यो यस्य गुणप्रकर्षं

स तु सदा निन्दति नात्र चित्रम्।

यथा किराती करिकुम्भलब्धां

मुक्तां परित्यज्य विभर्ति गुञ्जाम्।।

A person who doesn't know the virtues of something, continually criticizes it. Same as tribal woman wearing cheap pearls instead of the pearl on the elephants forehead.

मनुष्य अगर किसी वस्तु के गुणों को नहीं तो लगातार उसकी आलोचना करता है। जिस प्रकार एक आदिवासी महिला हाथी मस्तक की मणि की जगह, सस्ते मोतियों के गहने पहनती हैं।

श्लोक 10

यस्तु संवत्सरं पूर्णं नित्यं मौनेन भुञ्जते।

युगकोटिसहस्रन्तु स्वर्गलोके महीयते।।

One who eats his meal quietly for an year, he earns merit to stay in heaven for a thousands of yuga.

जो मनुष्य साल भर चुपचाप अपना भोजन खाता करता है (बिना बातें किये हुए), वह हजारों युग के लिए स्वर्ग में रहने के योग्यता अर्जित करता है.

श्लोक 11

कामं क्रोधं तथा लोभं स्वाद शृङ्गारकौतुकम्।

अतिनिद्राऽतिसेवा च विद्यार्थी ह्याष्ट वर्जयेत्।।

॥ चाणक्यनीति ॥

Lust, anger, greed, taste, personal grooming, playing games, extreme sleep, extreme service. These are forbidden for students.

काम, क्रोध, लोभ, स्वाद, श्रृंगार, खेल, अतिनिद्रा, अतिसेवा. ये सभी विद्यार्थियों के लिए वर्जित हैं.

वर्जित – forbidden

ॐ

श्लोक 12

अकृष्ट फलमूलानि वनवासरतः सदा।

कुरुतेऽहरहः श्राद्धमृषिर्विप्रः स उच्यते।।

One who eats fruits, roots from an untilled land, stays in forest and performs shraadh. Such Brahmin is the best Brahmin.

जो फलों को खाता है, बिना जोते जमीन के जड़ें खाता है, जंगल में रहता है और श्राद्ध करता है. ऐसे ब्राह्मण सबसे उच्च ब्राह्मण है.

श्राद्ध – Dedication (prayers) for ancestors.

ॐ

श्लोक 13

एकाहारेण सन्तुष्टः षड्कर्मनिरतः सदा।

ऋतुकालेऽभिगामी च स विप्रो द्विज उच्यते।।

One who is satisfied by eating one time, devotes his time in studies and austerities, and copulates with wife only at right time is the best brahmin.

जो एक समय से खाकर संतुष्ट रहता है, पढ़ाई और तप में अपना समय बिताता है, और ऋतु काल (सही समय पर) में पत्नी के साथ सम्भोग करता है. वही उच्च ब्राह्मण है।

ॐ

॥ चाणक्यनीति ॥

श्लोक 14

लौकिके कर्मणि रतः पशूनां परिपालकः।

वाणिज्यकृषिकर्मा यः स विप्रो वैश्य उच्यते।।

One who is busy with worldly affairs, raises cattle, does business or agriculture such a brahmin is a Vaishya. Please note that Acharya here indicates that your nature and work dictates the class you belong to and not your birth.

जो सामाजिक कार्यों में व्यस्त है; पशुओं को पालता है; व्यवसाय करता है; या कृषि करता है. ऐसा ब्राह्मण एक वैश्य है. कृपया ध्यान दें कि आचार्य यहां इंगित करते हैं कि आपकी प्रकृति और कर्म आपकी जाति/वर्ग को इंगित करते हैं और आपका जन्म नहीं।

श्लोक 15

परकार्यविहन्ता च दाम्भिकः स्वार्थसाधकः।

छलीद्वेषी मृदुक्रूरो मार्जार उच्यते।।

One who obstructs other work, an arrogant person, a mean/selfish person, cheater, maliceful natured, exterior polite and internally cruel. This Brahmin is like a cat.

जो दुसरो के काम में विघ्न (रोकता)डालता है, जो दम्भी है, स्वार्थी है, धोखेबाज है, दुसरो से घृणा करता है और बोलते समय मुह में मिठास और ह्रदय में क्रूरता रखता है. वह ब्राह्मण एक बिल्ली के समान है।

मार्जार – cat

श्लोक 16

वापीकूपतडागानामारामसुखश्वनाम्।

उच्छेदने निराशंङ्क स विप्रो म्लेच्छ उच्यते।।

॥ चाणक्यनीति ॥

Who destroys pond, wells, lakes, orchards, temples without thinking about social repercussions is the malech Brahmin.

जो तालाब, बागों, कुओं, झीलों, बागों, मंदिरों को नष्ट करता है. ऐसा ब्राह्मण म्लेच्छ ब्राह्मण हैं।

म्लेच्छ – lowly, sinner

ॐ श्लोक 17

देवद्रव्यं गुरुद्रव्यं परदाराभिमर्षणम्।

निर्वाहः सर्वभूतेषु विप्रश्चाण्डाल उच्यते।।

One who drinks god's nectar or gurus nectar, cohabits with another woman and eats anything and everything such Brahmin is chandal.

जो कोई भगवान का द्रव्य या गुरु का द्रव्य पीता है; परस्त्री के साथ सहवास करता है; और कुछ भी खाता है. वह ब्राह्मण चांडाल है.

ॐ श्लोक 18

देयं भोज्यधनं सुकृतिभिर्नो सञ्चयस्तस्य वै

श्रीकर्णस्य बलेश्च विक्रमपतेरद्यापि कीर्ति स्थिता।

अस्माकं मधुदानयोगरहितं नष्टं चिरात्सञ्चित

निर्वाणादिति नष्टपादयुगलं घर्षत्यमी मक्षिकाः।।

The meritorious should give away in charity all that they have in excess of their needs. By charity only Karna, Bali and King Vikramaditya survive even today. Just see the plight of the honeybees beating their legs in despair upon the earth. They are saying to themselves, "Alas! We neither enjoyed our stored-up honey nor gave it in charity, and now someone has taken it from us in an instant."

॥ चाणक्यनीति ॥

मेधावी को दान में सभी कुछ जो उनकी ज़रूरतों से अधिक है देना चाहिए; दान से कारण कर्ण, बाली और राजा विक्रमादित्य आज भी जीवित हैं। पृथ्वी पर निराशा से पैरों को मारने वाले मधुमक्खियों की दुर्दशा देखें। वे खुद से कह रही हैं, "हाय! हमने न तो खुद शहद का आनंद लिया और न ही दान में दिया, और अब किसी ने इसे एक पल में ले लिया है।"

साँची का स्तूप /Sanchi Stupa

॥ चाणक्यनीति ॥
अध्याय/Chapter 12

श्लोक 1

सानन्दं सदनं सुताश्च सुधयः कान्ता प्रियालापिनी

इच्छापूर्तिधनं स्वयोषिति रतिः स्वाज्ञापरः सेवकाः।

आतिथ्यं शिवपूजनं प्रतिदिनं मिष्टान्नपानं गृहे

साधोः सङ्गमुपासते च सततं धन्यो गृहस्थाश्रम्।।

Whose house is full of joy, sons are scholars, wife is polite and sweet, whose wealth is sufficient for the needs, whose wife is same as rati in traits, who has obedient servants. In whose whose house guest are treated well, lord shiva is prayed daily, delicious food is served daily, sages are in whose company for all the prayers, such a house holder is blessed.

धन्य – blessed

रति - रति देवी का उल्लेख प्राचीन काल से ही वेद, शतपथ ब्राह्मण, एवं उपनिषदों में होता चला आ रहा है। इन परंपराओं में इसे सौंदर्य की अधिष्ठात्री देवी एवं उषा के समकक्ष कहा गया है।

॥ चाणक्यनीति ॥

कामदेव और रती /Kamdev and Rati

श्लोक 2:

आर्तेषु विप्रेषु दयान्वितश्चेच्छ्रद्धेन यः स्वल्पमुपैति दानम्।

अनन्तपारं समुपैति दानं यद्दीयते तन्न लभेद् द्विजेभ्यः।।

The benevolent person who gives to brahmins with faith, even a little. He gets it back multifold.

उदार मनुष्य जो विश्वास के साथ ब्राह्मणों को दान देता है, चाहे यह दान बहुत थोड़ा भी हो। वह इस दान का कई गुना वापस पाता है.

श्लोक 3

॥ चाणक्यनीति ॥

दाक्षिण्यं स्वजने दया परजने शाठ्यं सदा दुर्जने

प्रीतिः साधुजने स्मय खलजने विद्वज्जने चार्जवम्।

शौर्यं शत्रुजने क्षमा गुरुजने नारीजने धूर्तताः

इत्थं ये पुरुषा कलासु कुशलास्तेष्वेव लोकस्थितिः।।

Those who are generous to kins, kind to others, ruthless to the wicked, loving to the good people, shrewd with the base, frank with learned, courageous with enemies, merciful and forgiving with gurus, and clever in dealing with women. This kind of people are dexterous in public dealings.

जो लोग स्वजनों (रिश्तेदारों) के लिए उदार होते हैं, परजनों (दूसरों) के प्रति दयालु होते हैं, दुष्टों के लिए क्रूर, साधुजनों के प्रति प्रीती रखते हैं, नीच जनों के साथ चतुर, विद्वानों के साथ स्पस्ट आचरण करते हैं, शत्रु (दुश्मनों) के साथ साहसी, गुरुओं के साथ क्षमा का आचरण,और महिलाओं के साथ व्यवहार करने में चालाक होते हैं। इस तरह के लोग सार्वजनिक जीवन में कुशल होते हैं।

ॐ **श्लोक 4**

हस्तौ दानवर्जितौ श्रुतिपुटौ सारस्वतद्रोहिणि

नेत्रे साधुविलोकरहिते पादौ न तीर्थं गतौ।

अन्यायार्जितवित्तपुर्णमुदरं गर्वेण तुङ्गं शिरौ

रे रे जम्बुक मुञ्च मुञ्च सहसा नीचं सुनिन्द्यं वपुः।।

Whose hands have never given in charity, who ears have not heard the vedas, the eyes of whose have never seen the sages, whose feet have never been to holy places,

॥ चाणक्यनीति ॥

whose belly is filled with things obtained from illegal (crooked) practices and whose head is high with arrogance. O Jackal, you leave this base body immediately.

जिनके हाथ कभी दान में नहीं देते, कानों ने वेदों को नहीं सुना है, जिनकी नेत्रों (आंखें) ने साधुजन (ऋषि) को कभी नहीं देखा है, जिनके पैर कभी तीर्थ (पवित्र) स्थानों पर नहीं गए, जिसका पेट अवैध (कुटिल) और अनैतिक तरीके से प्राप्त वस्तुओं से भरा होता है और जिनके शीश (सर) अहंकार के साथ उच्च है। हे सियार रूपी मानव, आप इस नीच शरीर को तुरंत छोड़ दें।

ॐ श्लोक 5

येषां श्रीमद्यशोदासुत पद कमले नास्ति भक्तिर्नराणाम्

येषामाभीरकन्या प्रियगुणकथने नानुरक्ता रसज्ञा।

तेषां श्रीकृष्णलीला ललितरसकथा सादरौ नैव कर्णौ

धिक्तान् धिक्तान् धिगेतान् कथयति सततं कीर्तनस्था मृदङ्ग।।

"Those who have no devotion to the lotus feet of Sri Krsna, the son of mother Yasoda; who have no attachment for the descriptions of the glories of Radharani; whose ears are not eager to listen to the stories of the Lord's lila. The mrdanga sound of dhik-tam dhik-tam dhige-tam at kirtana always tells that shame on these people (the literal mean of Dhik-kar is shame, which Acharya is resembling with the sound of mridnaga).

"जिनके पास भगवान भगवान कृष्ण के कमल पैरों पर भक्ति नहीं है, जो माता यशोदा के पुत्र हैं; जिनके पास राधारानी की महिमा के वर्णन के लिए प्रति कोई लगाव नहीं है; जिनके कान भगवान की लीला की कहानियों को सुनने के लिए उत्सुक नहीं हैं। मृदंग की ध्वनि (धिक्तान्, धिक्तान्, धिगेतान्) कीर्तन के समय हमेशा ऐसे लोगों को धिक्कार है

॥ चाणक्यनीति ॥

कहती है (धिक् का शाब्दिक अर्थ धिक्कार (शर्म है) है, जो आचार्य मृदंग की आवाज के समान बताते हैं)।

श्लोक 6

पत्रं नैव यदा करीरविटपे दोषो वसन्तस्य किं
नोलूकोऽप्यवलोकयते यदि दिवा सूर्यस्य किं दूषणम्।
वर्षा नैव पतति चातकमुखे मेघस्य किं दूषणम्
यत्पूर्वं विधिना ललाट लिखितं तन्मार्जितुं कः क्षमः।।

What fault of spring that the bamboo shoot has no leaves? What fault of the sun if the owl cannot see during the daytime? Is it the fault of the clouds if no raindrops fall into the mouth of the chatak bird? Who can erase what Lord Brahma has inscribed upon our foreheads at the time of birth?

वसंत की क्या गलती, कि बांस की कोई पत्तियां नहीं हैं? सूरज की क्या गलती, अगर उल्लू दिन के दौरान नहीं देख सकता है? क्या बादलों की गलती होती है, अगर चातक पक्षी के मुंह में वर्षा जल न जाए? कौन मिटा सकता है जो भगवान ब्रह्मा ने जन्म के समय हमारे माथे पर लिखा है?

ललाट – forehead

श्लोक 7

सत्सङ्गतेर्भवति हि साधुता खलानां
साधूनां न हि खलसङ्गतेः खलत्वम्।
आमोदं कुसुमभवं मृदेव धत्ते
मृद्गन्धं न हि कुसुमानि धारयन्ति।।

॥ चाणक्यनीति ॥

A wicked man may develop saintly qualities in the company of a devotee, but a devotee does not become impious in the company of a wicked person. The earth is scented by a flower that falls upon it, but the flower does not contact the odour of the earth.

एक दुष्ट मनुष्य, साधुजन के साथ में संत गुणों का विकास कर सकता है; लेकिन एक साधुजन दुष्ट व्यक्ति के साथ से कभी अधर्मी नहीं होता। पृथ्वी उस फूल से सुगंधित होती है जो उस पर गिरता है, लेकिन फूल पृथ्वी की गंध से कभी गंध नहीं पाता।

ॐ

श्लोक 8

साधूनां दर्शनं पुण्यं तीर्थभूताः हि साधवः।

कालेन फलते तीर्थः सद्यः साधु समागमः।।

One indeed becomes blessed by having darshan of a sage; for the sages have the ability to purify immediately, whereas the sacred tirtha gives purity only after prolonged contact.

साधुजनो (ऋषि) के दर्शन के द्वारा पुण्य जल्द प्राप्त होता है; क्योंकि संतों को तुरंत शुद्ध करने की क्षमता होती है, जबकि पवित्र तीर्थ लंबे समय तक संपर्क के बाद शुद्धता देता है। आचार्य का तात्पर्य है की साधुजनो के साथ से हमारा आचरण जल्द बदलता है।

ॐ

श्लोक 9

विप्रस्मिन्नगरे महान् कथय कस्ताल द्रुमाणां गणः

को दाता रजको ददाति वसनं प्रातर्गृहीत्वा निशि।

को दक्षः परिवित्तदारहरणं सर्वेऽपि दक्षाः जनाः

॥ चाणक्यनीति ॥

कस्माज्जीवति हे सखे विषकृमिन्यायेन जीवाम्यहम्।।

A stranger asked a brahmana, "Tell me, who is great in this city?" The brahmana replied, "The cluster of palm trees is great." Then the traveller asked, "Who is the most charitable person?" The brahmana answered, "The washer man who takes the clothes in the morning and gives them back in the evening is the most charitable." He then asked, "Who is the ablest man?" The brahmana answered, "Everyone is expert in robbing others of their wives and wealth." The man then asked the brahmana, "How do you manage to live in such a city?" The brahmana replied, "As a worm survives while even in a filthy place so do I survive here!"

Here Acharya is taking a satirical view on the people of a wisdomless state, the state is filthy and all the inhabitants are like worms in the filth.

एक अजनबी ने एक ब्राह्मण से पूछा, "मुझे बताओ, इस शहर में कौन महान है?" ब्राह्मण ने उत्तर दिया, "ताड़ के पेड़ के समूह महान हैं।" तब यात्री ने पूछा, "सबसे धर्मार्थ व्यक्ति कौन है?" ब्राह्मण ने उत्तर दिया, "धोबी जो सुबह में कपड़े लेता है और शाम को उन्हें वापस देता है वह सबसे धर्मार्थ है।" फिर उन्होंने पूछा, "कौन सबसे काबिल आदमी कौन है?" ब्राह्मण ने उत्तर दिया, "हर कोई दूसरे की पत्नियों और धन को लूटने में विशेषज्ञ है।" उस आदमी ने फिर ब्राह्मण से पूछा, "आप इस तरह के शहर में कैसे रहते हैं?" ब्राह्मण ने उत्तर दिया, "जैसा कि एक कीड़ा विष (गंदे स्थान) पर भी जीवित रहता है, वैसे ही मैं यहां जीवित हूं!"

यहां आचार्य एक दुस्ट राज्य के लोगों पर व्यंग्यपूर्ण टिपण्णी कर रहे हैं ; राज्य गन्दा है और सभी निवासी गंदगी में कीड़े की तरह हैं।

श्लोक 10

॥ चाणक्यनीति ॥

न विप्रपादोदक पङ्किलानि
न वेदशास्त्रध्वनिगर्जितानि।
स्वाहास्वधाकरध्वनिवर्जितानि
श्मशानतुल्यानि गृहाणितानि।।

The house in which the lotus feet of brahmanas are not washed, in which Vedic mantras are not loudly recited, and in which the holy rites of svaha (sacrificial offerings to the Supreme Lord) and swadha (offerings to the ancestors) are not performed, is like a crematorium.

जिस घर में ब्राह्मणों के कमल पैरों को धोया नहीं जाता है; जिसमें वैदिक मंत्र नहीं पढ़े जाते हैं; और जिसमें स्वहा के पवित्र संस्कार (यज्ञ) और श्राद्ध (पूर्वजों को प्रसाद) नहीं किया जाता है, एक श्मशान की तरह है।

श्मशान – crematorium

श्लोक 11

सत्यं माता पिता ज्ञानं धर्मो भ्राता दया सखा।
शान्तिः पत्नी क्षमा पुत्रः षडेते मम बान्धवाः।।

Truth is my mother, and my father is spiritual knowledge; righteous conduct is my brother, and mercy is my friend, inner peace is my wife, and forgiveness is my son: these six are my kinsmen.

सत्य मेरी मां है, और मेरे पिता ज्ञान हैं; धर्मी आचरण मेरा भाई है, और दया मेरी दोस्त है, मन की शांति मेरी पत्नी है, और क्षमा मेरा बेटा है: ये छह मेरे बंधूजन हैं।

श्लोक 12

॥ चाणक्यनीति ॥

अनित्यानि शरिराणि विभवो नैव शाश्वतः ।
नित्यं सन्निहितो मृत्युः कर्तव्यो धर्मसंग्रहः ।।

Our bodies are not constant (i.e. all of us die), vaibhav (wealth) is also not permanent and death is always nearby. Hence (because we have very less time) we must start accumulating dharma (doing good deeds).

हमारे शरीर नित्य (हमेशा) नहीं हैं (यानी हम सभी मृत्यु को पाते हैं); वैभव (धन) भी स्थायी नहीं है; और मृत्यु हमेशा आस-पास है। इसलिए हमें धर्म संग्रह (जमा) करना शुरू करना चाहिए (अच्छे कर्म करना चाहिए)।

श्लोक 13

निमन्त्रणोत्सवा विप्रा गावो नवतृणोत्सवाः।

पत्युतसाहयुता नार्याः अहं कृष्ण रणोत्सवः।।

"Brahmins enjoy invitations (for delicious food); cows like to eat fresh soft grass; wifes find joy in the husband's proximity; same way I enjoy war", O Krishna.

अर्जुन कृष्ण से कहते हैं , "ब्राह्मण निमंत्रण का आनंद लेते हैं (स्वादिष्ट भोजन के लिए); गायों को घास खाने में आनंद आता है; पति की निकटता में पत्नी को खुशी मिलती है; वैसे ही मैं युद्ध का आनंद उठाता हूं ", हे कृष्ण।

श्लोक 14

मातृवत् परदारेषु परद्रव्याणि लोष्ठवत्।

आत्मवत् सर्वभूतानि यः पश्यति सः पण्डितः।।

He who considers other person's wife as her mother; the others wealth as soil; the happiness and sorrow of others

|| चाणक्यनीति ||

as his own happiness or sorrow. He sees the things correctly and he is the true pandit (scholar).

वह जो अन्य व्यक्ति की पत्नी को अपनी मां के रूप में मानता है; दुसरे के धन को मिट्टी के समान मानता है; दूसरों की खुशी या दुख को अपनी खुशी/दुख मानता है। वही सच्चा पंडित (विद्वान) है।

श्लोक 15

धर्मे तत्परता मुखे मधुरता दाने समुत्साहता

मित्रेऽवञ्चकता गुरौ विनयता चित्तेऽपि गम्भीरता।

आचारे शुचिता गुणे रसिकता शास्त्रेषु विज्ञातृता

रूपे सुन्दरता शिवे भजनता त्वय्यस्ति भो राघव।।

Lord Ram has all these qualities. 1. Readiness to deal with Dharma (virtues) 2. Sweet/polite talk 3 Curiosity to donate 4. Most impartial dealing with friends 5. Humility in the presence of the guru 6 Deep peace of mind 7. Correct behavior 8. Power to recognize qualities 9. Great knowledge of shastras (scriptures) 10. Beautiful 11. Devotion to god

भगवान राम में ये सब गुण है. १. धर्म (सद्गुणों) तत्परता. २. मधुर वचन ३. दान देने की उत्सुकता. ४. मित्रो के साथ कपट रहित व्यवहार. ५. गुरु की उपस्थिति में विनम्रता ६. मन की गहरी शान्ति. ७. शुद्ध आचरण ८. गुणों की परख ९. शास्त्र के ज्ञान की अनुभूति १०. रूप की सुन्दरता ११. भगवत भक्ति.

श्लोक 16

काष्ठं कल्पतरुः सुमेरुरचलश्चिन्तामणिः प्रस्तरः

॥ चाणक्यनीति ॥

सूर्यस्तीव्रकरः शशिः क्षयकरः क्षारोहि निरवारिधिः।

कामो नष्टतनुर्बलिर्दितिसुतो नित्य पशुः कामगोः

नैतास्ते तुलयामि भो रघुपते कस्योपमा दीयते।।

The tree of kalpa (which grants any wishes) is but wood only; the Sumer mountain can not move from its place; ChintaMani is but a stone; there is heat in the sun; the moon continues to increase or decrease; the sea is salty; Kamdev's body was burnt (by the curse of Lord Shiva); king Bali was in Rakshasha (monster) clan; Kamdhenu (wish granting cow) is an animal. Who is like Lord Ram?

कल्प तरु (वृक्ष) तो एक काष्ठ (लकड़ी) ही है; सुमेर पर्वत तो अपनी जगह से हिल नहीं सकता; चिंतामणि तो एक पत्थर है; सूर्य में ताप है; चन्द्रमा तो घटता बढ़ता रहता है; सीमा हीन समुद्र तो खारा है; काम देव का शरीर ही जल गया (भगवान शिव के श्राप से); महाराज बलि तो राक्षस कुल में पैदा हुए; कामधेनु तो पशु ही है. भगवान् राम के समान कौन है।

कल्पवृक्ष देवलोक का एक वृक्ष। इसे कल्पद्रुप, कल्पतरु, सुरतरु देवतरु तथा कल्पलता इत्यादि नामों से भी जाना जाता है। पुराणों के अनुसार समुद्रमंथन से प्राप्त 14 रत्नों में कल्पवृक्ष भी था। यह इंद्र को दे दिया गया था और इंद्र ने इसकी स्थापना सुरकानन में कर दी थी। हिंदुओं का विश्वास है कि कल्पवृक्ष से जिस वस्तु की भी याचना की जाए, वही यह दे देता है। इसका नाश कल्पांत तक नहीं होता।

ॐ श्लोक 17

विद्या मित्रं प्रवासे च भार्या मित्र गृहे च ।
व्याधिस्तस्यौषधं मित्रं धर्मा मित्रं मृतस्य च ।।१७।।

विद्या सफ़र में हमारा मित्र है; पत्नी घर पर मित्र है; औषधि रुग्ण (बीमार) व्यक्ति की मित्र है; और मरते समय पुण्य कर्म ही मित्र है.

॥ चाणक्यनीति ॥

Knowledge is our friend in our travels; wife is a friend at home; medicine is a friend of the patient (sick) person; and while dying, karma (virtuous deeds) is a friend.

श्लोक 18

विनयं राजपुत्रेभ्यः पण्डितेभ्यः सुभाषितम्।

अनृतं द्यूतकारेभ्यः स्त्रीभ्यः शिक्षेत् कैतवम्।।

राज पुत्रों (राजकुमारों) से शिष्टाचार सीखे. पंडितो से सुभाषण (अच्छा बोलने की कला सीखे); जुआरियो से झूट बोलना सीखे; और एक औरत से छल सीखे.

Learned courtesy from princes; learn polite and clear speaking from Pandits; learn to lie from gamblers ; and learn tricks and deceit from a woman.

श्लोक 19

अनालोच्य व्ययं कर्ता चानाथः कलहप्रियः।

आर्तः स्त्रीहसर्वक्षेत्रेषु नरः शीघ्रं विनश्यति।।

बिना सोचे समझे खर्च करने वाला, अनाथ और बिगड़ा हुआ बालक, कलह को प्रिय समझने वाला (लड़ाकू आदमी), अपनी पत्नी का तिरिस्कार करने वाला, और जो अपने आचरण पर ध्यान नहीं देता है. ये सब लोग जल्दी ही बर्बाद हो जाते हैं।

One who wiselessly spends; the orphan who doesn't have correct behavior; the person who likes to fight always; the man who always fights with his wife; and who does not pay attention to his behavior. All these people are ruined soon.

श्लोक 20

॥ चाणक्यनीति ॥

नाऽऽहारं चिन्तयेत्प्राज्ञो धर्ममेकं हि चिन्तयेत् ।
आहारो हि मनुष्याणां जन्मना सह जायते ।।२०।।

एक विद्वान व्यक्ति को अपने भोजन की चिंता नहीं करनी चाहिए. उसे सिर्फ धर्म की चिंता होनी चाहिए. भोजन तो हर व्यक्ति का उसके जन्म के समय ही तय हो जाता है.

A scholar should not worry about his food. He should be concerned about dharma (righteous conduct) only. Food is fixed for every person at the time of his birth.

श्लोक 21

धनधान्यप्रयोगेषु विद्यासंग्रहणे तथा ।
आहारे व्यवहारे च त्यक्तलज्जः सुखीभवेत् ।।२१।

जिसे धन, धान्य (अनाज) और विद्या अर्जित करने में;और भोजन करने और व्यवहार में शर्म नहीं आती वह सुखी रहता है.

He who is not ashamed in doing accumulating riches, rearing grains and seeking knowledge; and is not shy during eating and in public dealing. He will always be happy.

श्लोक 22

जलबिन्दुनिपातेन क्रमशः पूर्यते घटः।
स हेतु सर्वविद्यानां धर्मस्य च धनस्य च।।

बूंद बूंद से घट (घड़ा) भर जाता है. इसी तरह बूंद बूंद से ज्ञान, गुण और संपत्ति प्राप्त होते है.

Drop by drop a pot (pitcher) is filled. Similarly, drop by drop (daily contribution though little) gives great knowledge, qualities and great possessions.

॥ चाणक्यनीति ॥

श्लोक 23

वयसः परिणामेऽपि यः खलः खलः एव सः ।
सम्पक्वमपि माधुर्यं नापयातीन्द्रवारुणम् ।।२३।।

जो व्यक्ति अपने बुढ़ापे में भी मुर्ख है वह सचमुच ही मुर्ख है. ठीक उसी प्रकार जैसे लौकी का फल कितना भी पके परन्तु मीठा नहीं होता.

The person who is foolish in his old age is really foolish. Just like how much bottle gourd fruit is ripe but can never be sweet.

भद्रबाहू गुफा, जहां चंद्रगुप्त मौर्य का निधन हुआ (कर्नाटक के श्रावणबेलागोला में) Bhadrabahu Cave, where Chandragupta Maurya is said to have died, at Shravanabelagola, Karnataka, India.

॥ चाणक्यनीति ॥
अध्याय/Chapter 13

श्लोक 1

मुहुर्तमपि जीवेच्च नरः शुक्लेन कर्मणा।

न कल्पमपि कष्टेन लोक द्वय विरोधिना।।

It is best for a man to live for a moment and do good deeds on that moment. A life of kalpa (4,320,000 *1000 years) doing ill deeds and bringing distress to the two worlds is useless.

एक पल के लिए जीवित रहना और उस पल में अच्छा काम करना ही मनुष्य के लिए सबसे अच्छा है. कल्प (4,320,000 * 1000 वर्ष) वर्षों का जीवन, जिसे बुरे कामों में व्यतीत किया गया है वह दोनों लोकों में दुःख और संकट का कारण है ।

श्लोक 2

गतं शोको न कर्तव्यं भविष्यं नैव चिन्तयेत्।

वर्तमानेन कालेन प्रवर्तन्ते विचक्षणाः।।

We should not fret for what is past, nor should we be anxious about the future; men of discernment deal only with the present moment.

हमें जो अतीत है, उसके लिए शोक नहीं करना चाहिए; और न ही हमें भविष्य के बारे में व्याकुल (चिंतित) होना चाहिए; विवेकी पुरुष केवल वर्तमान के लिए जीते हैं.

श्लोक 3

स्वभावेन हि तुष्यन्ति देवाः सत्पुरुषाः पिताः।

ज्ञातयः स्नानपानाभ्यां वाक्यदानेन पण्डिताः।।

॥ चाणक्यनीति ॥

By their nature gods, gentle people and fathers are satiated. Kins are satisfied when offered to bath and given good food, and the pandits are satisfied with polite talks.

अपनी प्रकृति से देवता, सत्पुरुष और पिता तृप्त ही होते हैं (उन्हें तृप्त करने के लिए उपायों की आवश्यकता नहीं होती)। स्नान करने और अच्छा भोजन दिया जाने पर बंधुजन संतुष्ट हो जाते हैं; और पंडित विनम्र वार्ता से संतुष्ट होते हैं।

श्लोक 4

अहो स्वित् विचित्राणि चरितानि महात्मनाम्।

लक्ष्मीं तृणाय मन्यन्ते तद्भरेण नमन्ति च।।

महात्माओं के चरित्र भी विचित्र हैं; लक्ष्मी को तृण (घास) समान समझते हैं, और यदि लक्ष्मी प्राप्त हो जाये तो उसके बोझ तले दब जाते हैं.

The characters of the Mahatmas are also bizarre; They consider Lakshmi (wealth) to be like grass, and if Lakshmi is attained then they are buried under its burden.

तृण – straw

श्लोक 5

यस्य स्नेहो भयं तस्य स्नेहो दुःखस्य भाजनम्।

स्नेहमूलानि दुःखानि तानि त्यक्तवा वसेत्सुखम्।।

जिसको अत्याधिक स्नेह है अत्यंत भय भी उसे ही है (अपने स्नेह गण के वियोग का); क्योंकि आसक्ति सभी दुखों का कारण है. इसलिए आसक्ति से दूर रहे, इससे आप सुखी होंगे.

The one who has excessive affection is extremely fearful (afraid of being separated from his dear ones); and so

॥ चाणक्यनीति ॥

attachment is the cause of all sorrows. Hence, we should stay away from attachment, to be happy.

श्लोक 6

अनागत विधाता च प्रत्युत्पन्नगतिस्तथा।

द्वावातौ सुखमेवेते यद्भविष्यो विनश्यति।।

वह जो भविष्य के लिए तैयार है; या वह जो किसी भी स्थिति से चतुराई से निपटता है. दोनों ही खुश हैं; लेकिन दुर्भाग्यपूर्ण व्यक्ति जो भाग्य पर निर्भर करता है, वह बर्बाद हो जाता है।

The one, who is ready for the future; Or that who deals with any situation cleverly. Both are happy; but the unfortunate person who depends on destiny is ruined.

श्लोक 7

राज्ञेधर्मणि धर्मिष्ठाः पापे पापाः समे समाः।

राजानमनुवर्तन्ते यथा राजा तथा प्रजाः।।

If the king is virtuous, then the subjects are also virtuous. If the king is sinful, then the subjects also become sinful. If he is mediocre, then the subjects are mediocre. The subjects follow the example of the king. In short, as is the king so are the subjects.

अगर राजा गुणवान है, तो प्रजा भी गुणवान होगी। यदि राजा पापी है, तो प्रजा भी पापी हो जाती है। अगर राजा सामान्य है, तो प्रजा भी सामान्य होगी। प्रजा राजा के आचरण का रूप होती है। जैसा राजा वैसी प्रजा।

॥ चाणक्यनीति ॥

श्लोक 8

जीवन्तं मृतवन्मन्ये देहिनं धर्मवर्जितम्।

मृतो धर्मेण संयुक्तो दीर्घजीवी न संशयः।।

मेरे लिए वह आदमी मृत समान है जो धर्म का पालन नहीं करता. लेकिन जो धर्म पालन में अपने प्राण दे देता है वह मृत्यु के बाद भी दीर्घ जीवी होता है.

For me, that man is like dead who does not follow dharma (righteous conduct). But who gives his life in the pursuit of dharma (righteous conduct), he lives long after his death.

श्लोक 9

धर्मार्थकाममोक्षाणां यस्यैकोऽपि न विद्वते।

अजागलस्तनस्येव तस्य जन्म निरर्थकम्।।

जिस व्यक्ति ने न ही कोई गुण प्राप्त किया, ना ही धन कमाया, ना इच्छाओं की पूर्ति की और न मोक्ष प्राप्त करने के लिए जो जरूरी है वह किया (धर्म, अर्थ, काम, मोक्ष). वह व्यक्ति एक बेकार जिंदगी जीता है जैसे के बकरे की गर्दन से झूलने वाले स्तन (जो सम्पूर्ण तरह से बेकार होते हैं).

The person who has neither received any qualities; neither earned money; nor fulfilled his desires; nor did what he needed to achieve salvation. That person has a worthless life such as the udders dangling from the neck of the he-goat (which are totally useless).

श्लोक 10

दह्यमानां सुतीव्रेण नीचाः परयशोऽग्निना।

|| चाणक्यनीति ||

अशक्तास्तत्पदं गन्तुं ततो निन्दां प्रकुर्वते।।

नीच पुरुष दुसरे की कीर्ति (प्रसिद्धि) से जलते हैं, ऐसे नीच लोग दूसरों की निंदा करते हैं क्योंकि वह खुद की स्थिति में वृद्धि करने में असमर्थ होते हैं।

The lowly men burn with another's fame, such lowly people condemn others because they are incapable of raising themselves (to the level of others).

श्लोक 11

बन्धन्य विषयासङ्गः मुक्त्यै निर्विषयं मनः।

मन एव मनुष्याणां कारणं बन्धमोक्षयोः।।

सुखों से अत्यधिक प्रेम से मनुष्य बंधन की ओर जाता है; और अर्थ सुख से अलगाव से वह मुक्ति की ओर जाता है. इसलिए यह केवल मन ही है जो मनुष्य के बंधन या मुक्ति का कारण (के लिए ज़िम्मेदार) है।

From excessive love to pleasures a man is led to bondage; and by separation from material pleasure, he is led to liberation. Therefore, it is only the mind which is responsible for bondage or liberation of man.

श्लोक 12

देहाभिमानगलिते ज्ञानेन परमात्मनः।

यत्र यत्र मनो याति तत्र तत्र समाधयः।।

जो ज्ञान प्राप्ति से, देह (शरीर) का अभिमान त्याग देता है. वह निरंतर समाधी में ही रहता है।

With the acquisition of knowledge, the one who forsakes the pride of the body. He remains in constant Samadhi (meditation).

॥ चाणक्यनीति ॥

श्लोक 13

ईप्सितं मनसः सर्वं कस्य सम्पद्यते सुखम्।

दैवायत्तं यतः सर्वं तस्मात् सन्तोषमाश्रयेत्।।

कामना के अनुसार सुख किसी को प्राप्त नहीं होते. सब कुछ परमेश्वर के हाथों में है इसलिए हमें संतोष के साथ जीवन सीखना चाहिए।

No one receives happiness per his desires/wishes. Everything is in the hands of God, so we should learn to live life with contentment.

ॐ

श्लोक 14

यथा धेनु सहस्रेषु वत्सो गच्छति मातरम्।

तथा यच्च कृतं कर्म कर्तारमनुगच्छति।।

As a calf follows its mother among a thousand cows, so the (good or bad) deeds of a man follow him.

जैसे एक बछड़ा एक हजार गायों के बीच भी अपनी मां का अनुसरण करता है, वैसे ही मनुष्य के (अच्छे या बुरे) कर्म उसके पीछे आते हैं।

ॐ

श्लोक 15

अनवस्थितकायस्य न जने न वने सुखम्।

जनो दहति संसर्गाद् वनं सगविवर्जनात।।

जिस के कार्य करने में कोई व्यवस्था नहीं है, उसे कोई सुख नहीं मिलता. पुरुषों के बीच या जंगल में कोई खुशी नहीं है - पुरुषों के बीच में उनका दिल सामाजिक संपर्कों से जलता है, और उनकी असहायता उसे जंगल में जलाती है।

Who has no system (process) in dealing with his work. There is no happiness for him either in men or in the forest

॥ चाणक्यनीति ॥

– such man's heart burns when with people, and their helplessness burns them in the jungle.

श्लोक 16

यथा खनित्वा खनित्रेण भूतले वारि विन्दति।

तथा गुरुगतां विद्यां शुश्रुषुरधिगच्छति।।

अगर व्यक्ति को खोदता है तो उसे एक फावड़ा के उपयोग से भूमिगत जल प्राप्त होता है. इसी तरह छात्र अपनी सेवा के माध्यम से अपने गुरु के पास से ज्ञान प्राप्त करता है।

If a person digs, then he gets underground water using a shovel. Similarly, the student gets knowledge from his master through his service.

श्लोक 17

कर्मायत्तं फलं पुंसां बुद्धिः कर्मानुसारिणि।

तथापि सुधियाचार्यः सुविचार्यैव कुर्वते।।

पुरुष अपने कर्मों के फल पता है, और बुद्धि पर पिछले जीवन में किए गए कर्मों के निशान रहते हैं. इसके बावजूद बुद्धिमान व्यक्ति सोच विचार कर कार्य करते हैं ।

Men reap the fruits of their actions, and have the marks of actions done in the past on the intellect (karma). In spite of this, the intelligent person works by thinking and circumspection.

श्लोक 18

एकाक्षरं प्रदातारं यो गुरुं नाभिवन्दते।

श्वानयोनि शतं भुक्तवा चाण्डालेष्वभिजायते।।

॥ चाणक्यनीति ॥

जिस गुरु ने सिर्फ एक अक्षर भी आध्यात्मिक महत्व को सिखाया है, उसकी पूजा की जानी चाहिए। वह जो इस तरह के गुरु को श्रद्धा नहीं देता, कुत्ते के रूप में एक सौ बार पैदा होता है, और आखिर में चांडाल के रूप में जन्म लेता है।

The guru who has taught even one letter of spiritual significance should be worshiped. The person who does not reverence such a guru, is born a hundred times in the form of a dog, and finally he is born in the form of a chandaal.

श्लोक 19

युगान्ते प्रचलेन्मेरुः कल्पान्ते सप्त सागराः।

साधवः प्रतिपन्नार्थान्न चलन्ति कदाचन।।

युग के अंत में, मेरू पर्वत हिल सकता है; कल्प के अंत में, सात महासागरों के जल विचलित हो सकते हैं; लेकिन एक साधु कभी आध्यात्मिक पथ से नहीं भटकेगा।

At the end of the era, Meru mountain can shake; At the end of Kalpa, the waters of seven oceans can get distracted; But a monk will never wander from the spiritual path.

॥ चाणक्यनीति ॥

सांची पर बौद्ध स्मारक, मध्य प्रदेश राज्य , रायसेन जिला, भारत Buddhist monument at the Sanchi Hill, Raisen district of the state of Madhya Pradesh, India. Torana North.

॥ चाणक्यनीति ॥

अध्याय/Chapter 14

श्लोक 1

पृथिव्यां त्रीणी रत्नानि अन्नमापः सुभाषितम् ।

मूढैः पाषाणखण्डेषु रत्नसंज्ञा विधीयते ।।

Food, water and kind words these are the only three gems in this world. The fools call the pieces of stones as gems.

अनाज, जल और सुभाषण (दयालु/मधुर शब्द) ये इस दुनिया केवल तीन ही रत्न हैं। बेवकूफ़ मनुष्य, पत्थरों के टुकड़े को रत्न संज्ञा (समान) देते हैं।

श्लोक 2

आत्मापराधवृक्षस्य फलान्येतानि देहिनाम् ।

दारिद्र्यरोग दुःखानि बन्धनव्यसनानि च ।।

गरीबी, बीमारी, दु:ख, कारावास (जेल मैं बंदी होना) और अन्य बुराइयों; अपने ही अपराध रूपी पेड़ के फल हैं।

Poverty, sickness, grief, imprisonment and other evils; these are all but the fruits of tree of their one's own crimes/sins.

श्लोक 3

पुनर्वित्तं पुनर्मित्रं पुनर्भार्या पुनर्मही ।

एतत्सर्वं पुनर्लभ्यं न शरीरं पुनः पुनः ।।

धन, मित्र, पत्नी, और एक राज्य गवांकर वापस लिया जा सकता है; लेकिन खो जाने पर इस शरीर को फिर से कभी हासिल नहीं किया जा सकता है.

॥ चाणक्यनीति ॥

Money, friends, wife, and a state can again be acquired after loosing once; but when lost, this body can never be recovered.

श्लोक 4

बहूनां चैव सत्तवानां रिपुञ्जयः ।

वर्षान्धाराधरो मेधस्तृणैरपि निवार्यते ।।

The enemy can be defeated by a assembling in large numbers; same as despite heavy rains, the rain does not cause any damage to the grass (who is many not one).

भारी संख्या में संघठन द्वारा दुश्मन को पराजित किया जा सकता है, जैसे कि भारी वर्षा के बावजूद घास को वर्षा कोई नुकसान नहीं पंहुचा पाती।

श्लोक 5

जले तैलं खले गुह्यं पात्रे दानं मनागपि ।

प्राज्ञे शास्त्रं स्वयं याति विस्तारे वस्तुशक्तितः ।।

Oil on water, a secret communicated to a base man, a gift given to a worthy receiver, and scriptural instruction given to an intelligent man spread out by virtue of their nature.

पानी पर तेल, एक आधार/नीच आदमी के लिए एक रहस्य, एक योग्य को दिया गया उपहार, और एक बुद्धिमान व्यक्ति को दिए गए शास्त्रपूर्ण निर्देश. यह सभी अपनी प्राकर्तिक प्रकृति के आधार के परिणामस्वरूप फ़ैल ही जाते हैं ।

॥ चाणक्यनीति ॥

श्लोक 6

धर्माऽऽख्याने श्मशाने च रोगिणां या मतिर्भवेत् ।

सा सर्वदैव तिष्ठेच्चेत् को न मुच्येत बन्धनात् ।।

If men should always retain the state of mind they experience when hearing religious instruction, when present at a crematorium ground, and when in sickness -- then who could not attain liberation. Acharya means that during these three times people have good thoughts and intentions, which they loose once they are out of these situations, but if they can keep these in their mind and instinct then they would certainly be liberated.

यदि पुरुषों का मन हमेशा उसी स्थिति में रहे जैसा की उनको निम्न समय होता है

१. धार्मिक अनुदेश सुनते समय अनुभव करते हैं, २. श्मशान पर जैसे मनःस्थिति होती है, ३. और जब बीमारी में मनःस्थिति होती है. तब कौन मुक्ति प्राप्त नहीं कर सके। आचार्य का मतलब है कि इन तीनों के दौरान अनुभव विचार और इरादे, अगर मनुष्य इन्हें अपने मन और वृत्ति में रख सकते हैं तो वे निश्चित रूप से जीवन चक्र से मुक्त हो जाएंगे।

श्लोक 7

उत्पन्नपश्चात्तापस्य बुद्धिर्भवति यादृशी ।

तादृशी यदि पूर्वा स्यात्कस्य स्यान्न महोदयः ।।

After committing sin a man repents but if he gets this wisdom before committing the sin then who would not be perfect.

॥ चाणक्यनीति ॥

पाप करने के बाद एक आदमी पश्चाताप और किये हुए पाप के व्यर्थ होने का ज्ञान करता है, लेकिन अगर वह पाप करने से पहले इस ज्ञान को प्राप्त सकता, तो कौन पूर्ण नहीं होगा।

ॐ

श्लोक 8

दाने तपसि शौर्ये च विज्ञाने विनये नये ।

विस्मयो न हि कर्तव्यो बहुरत्ना वसुन्धरा ॥

We should not be surprised by donations, penance, heroism, wisdom, humility and morality in this world because this earth is full of rare gems. Acharya means that there are great people among us who have incredible behaviors, and we should not be surprised/amazed by their behavior (should try to ingrain in ourselves how much ever we can).

हमें इस दुनिया में दान, तपस्या, वीरता, शास्त्रीय ज्ञान, नम्रता और नैतिकता से हैरान नहीं होना चाहिए, क्योंकि यह पृथ्वी दुर्लभ रत्नों से भरी है। तात्पर्य है की हमारे बीच में ही महान व्यक्ति होते हैं, जिनके अतुल्य व्यव्हार होते हैं.

ॐ

श्लोक 9

दूरस्थोऽपि न दूरस्थो यो यस्य मनसि स्थितः ।

यो यस्य हृदये नास्ति समीपस्थोऽपि दूरतः ॥

That which is in our mind (loved ones) is near, though it may actually be far away; But what is not in our heart is far away, although he may actually be very near.

|| चाणक्यनीति ||

जो हमारे मन में रहता है वह निकट (पास है), हालांकि वह वास्तव में दूर हो सकता है; लेकिन जो हमारे दिल में नहीं है वह दूर है, हालांकि वह वास्तव में पास हो सकता है।

श्लोक 10

यस्माच्च प्रियमिच्छेत् तस्य ब्रूयात्सदा प्रियम् ।

व्याघ्रो मृगवधं गन्तुं गीतं गायति सुस्वरम् ।।

If we have any work of somebody, we should talk to him in sweet words (which makes him happy). Just like a hunter sings sweet songs, while he really wants to hunt deer.

अगर हमें किसी के कुछ काम है तो हमें उससे मधुर व्याक्यों में बात करनी चाहिए (जिससे वह प्रसन्न हो जाये). ठीक उसी प्रकार जैसे एक व्याध (शिकारी) मधुर गीत गाता है, जबकि वह वास्तव में हिरण का शिकार करना चाहता है.

श्लोक 11

अत्यासन्न विनाशाय दूरस्था न फलप्रदा ।

सेव्यतां मध्यभागेन राजवह्निगुरुस्त्रियः ।।

Being very near brings destruction and a safe distance is fruitful (beneficial). For this reason, it is appropriate to keep safe distance from the king, fire, master and woman.

अति संपर्क से विनाश और दूरी फलप्रद (लाभकारी) होती है. इस कारण राजा, अग्नि, गुरु और स्त्री से दूरी बनाये रखना उचित है.

श्लोक 12

अग्निर्देवो द्विजातीनां मनीषिणां हृदि दैवतम् ।

प्रतिमा स्वल्पबुद्धीनां सर्वत्र समदर्शिनः ।।

॥ चाणक्यनीति ॥

For Brahmins fire is god. For sages god is in their heart. For people with less knowledge god is in statue. And for the intelligent god is everywhere.

द्विजों अथवा ब्राह्मणों के लिए अग्रि भगवान है।
मुनियों का भगवान उनके हृदय में स्थित है।
अल्पबुद्धि लोगों का भगवान प्रस्तर प्रतिमा मूर्ति में स्थित है।
और जो समदर्शी हैं उनके लिए भगवान सर्वत्र हैं।

ॐ श्लोक 13

स जीवति गुणा यस्य यस्य धर्म स जीवति ।

गुण धर्म विहीनस्य जीवितं निष्प्रयोजनम् ॥

The person who is virtuous and the righteous is alive. The life of virtueless and religion less is worthless/meaningless.

वही व्यक्ति जीवित है जो गुणवान है और धर्मी (धर्म पूर्ण कार्य करता) है. गुण और धर्म विहीन का जीवन बेकार है.

ॐ श्लोक 14

यदीच्छसि वशीकर्तुं जगदेकेन कर्मणा ।

परापवादशास्त्रेभ्यो गां चरन्तीं निवारय ॥

If you want to do a great work in this earth, then you have to control the following fifteen.

Five senses 1. Sight 2. Sound 3. Odor 4. Taste 5. Touch.

Five sense 1. Eye 2. Ear 3. Nose 4. Tongue 5. The skin

Five acts 1. Hand 2. Foot 3. Mouth 4. Reproductive organs 5. Anus

॥ चाणक्यनीति ॥

यदि आप पृत्वी में एक महान कार्य करना चाहते हैं तो आपको निम्न का काबू में करना होगा.

पांच इन्द्रियों १. द्दस्टि २. ध्वनि ३. गंध ४. स्वाद ५. स्पर्श.

पांच इन्द्रिय १. आँख २. कान ३. नाक ४. जिव्हा ५. त्वचा

पांच कर्मेन्द्रिय १. हाथ २. पाँव ३. मुह ४. जननेंद्रिय ५. गुदा

श्लोक 15

प्रस्तावसद्दशं वाक्यं प्रभावसद्दशं प्रियम् ।

आत्मशक्तिसमं कोपं यो जानाति स पण्डितः ।।

He is a scholar (Pandit) who knows the appropriate language to be spoken for the opportune time. Who serves according to his capacity, and knows the limits of his anger.

वह एक पंडित (ज्ञानी) है जो इस अवसर के उपयुक्त व्याक्य कहता है. जो अपनी क्षमता के अनुसार सेवा और प्यार करता है, और अपने क्रोध की सीमाओं को जानता है।

श्लोक 16

एक एव पदार्थस्तु त्रिधा भवति वीक्षति ।

कुपणं कामिनी मांसं योगिभिः कामिभिः श्वभिः ।।

The same thing may appear different to different people. Such as a woman; for tapi (the meditative sage) it appears to be a corpse, to a desirous person it looks like rati, and to a dog it looks like meat.

समान वस्तु, अलग अलग लोगों को अलग अलग दिख सकती है. जैसे की एक स्त्री; तपी को लाश को तरह प्रतीत होती है, कामी को रति समान, और एक कुत्ते को मांस को तरह.

॥ चाणक्यनीति ॥

श्लोक 17

सुसिद्धमौषधं धर्मं गृहछिद्रं च मैथुनम् ।

कुभुक्तं कुश्रुतं चैव मतिमान्न प्रकाशयेत् ।।

एक बुद्धिमान को निम्न को सभी का नहीं बताना चाहिए

- सिद्ध औषिधि बनाने का तरीका

- किया हुआ दान

- अपने घर की कमियां

- मैथुन

- खाया हुआ बासी खाना

- और किसी के द्वारा स्वयं का कही गई बुरी बातें.

A wise person should not tell the following

- How to make proven medicine

- donations done by self

- drawbacks of your home

- sexual acts

- Eaten stale food

- And the bad things spoken about himself by someone else.

श्लोक 18

तावन्मौनेन नीयन्ते कोकिलश्चैव वासराः ।

॥ चाणक्यनीति ॥

यावत्सर्वं जनानन्ददायिनी वाङ्न प्रवर्तते ।।

The cuckoo remains silent until his voice becomes sweet.
After then pleases everyone with his sweet voice.

कोयल तब तक मौन रहती है जब तक उसकी वाणी मधुर नहीं हो जाती. उसके बाद वह अपनी मधुर वाणी से सभी का प्रसन्न करती है.

श्लोक 19

धर्मं धनं च धान्यं च गुरोर्वचनमौषधम् ।

सङ्गृहीतं च कर्तव्यमन्यथा न तु जीवति ।।

Religion, wealth, grain, guru's word (sermon), medicine. All these should be stored, to survive.

धर्म, धन, धान्य, गुरु के वचन (उपदेश), औषधि. इन सभी का संग्रह करना चाहिए, जीवित रहने के लिए.

श्लोक 20

त्यज दुर्जनसंसर्गं भज साधुसमागमम् ।

कुरु पुण्यमहोरात्रं स्मर नित्यमनित्यतः ।।

Leave company of the wicked; stay with the saints. And always do good deeds, while also meditating on the Almighty (which helps in attaining good virtues).

दुर्जनों का साथ छोड़ दें; साधुओं और संतों के साथ रहें; और हमेशा सर्वशक्तिमान को ध्यान करके अच्छे कर्म करें, जिससे पुण्य को प्राप्ति होती है।

॥ चाणक्यनीति ॥

अध्याय/Chapter 15

श्लोक 1

यस्य चित्तं द्रवीभूतं कृपया सर्वजन्तुषु ।

तस्य ज्ञानेन मोक्षेण किं जटा भसमलेपनैः ।।

जिनका चित्त (ह्रदय) द्रव (तरल) हो जाता है, सभी जन्तुंओं को ओर दया भाव से (यानी मन पिघलता है, दूसरों के दुखों से). उसे ज्ञान, मोक्ष, जटा, भस्म से शरीर के लेप करने को क्या आवशयकता.

Whose heart melts with compassion towards all living creatures (i.e. the heart melts with the sorrow of others). Why he needs knowledge, salvation, jata (long matted hair), and ashes on the body.

श्लोक 2

एकमेवाक्षरं यस्तु गुरुः शिष्यं प्रबोधयेत् ।

पृथिव्यां नास्ति तद्द्रव्यं यद् दत्त्वा चाऽनृणी भवेत् ।।

The guru who has given the knowledge, even if its of a single letter. There is no treasure in the earth that liberates the debt of that guru.

जिस गुरु ने एक भी अक्षर का प्रबोध (ज्ञान) कराया है. पृथ्वी में ऐसा कोई खजाना नहीं जो उस गुरु के ऋण से मुक्त कराये.

श्लोक 3

खलानां कण्टकानां च द्विविधैव प्रतिक्रिया ।

उपानामुखभङ्गो वा दूरतैव विसर्जनम् ।।

दुष्ट और एक कांटे से बचने को दो ही उपाय हैं. या तो जूते से उसका मुंह तोड़ दो और या तो उसे दूर से ही भगा दो.

॥ चाणक्यनीति ॥

There are two ways to escape from the evil person and a thorn. Either break its mouth with shoes OR shoo them away from safe distance.

श्लोक 4

कुचैलिनं दन्तमलोपधारिणं

बह्वाशिनं निष्ठुरभाषितं च ।

सूर्योदये चास्तमिते शयानं

विमुञ्चतेश्रीर्यदि चक्राणिः ।।

Those who wear dirty clothes; has dirty teeth; eat more than required (commits gluttony); speaks unkind words; and sleeps much after sunrise. Lakshmi forsakes him even though he may be chakra wielding bhagwan Vishnu.

जो व्यक्ति गंदे कपड़े पहनते हैं; जो अपने दांत गंदे रखते हैं; जो अत्याधिक कहते हैं; निष्ठुर भाषण करते हैं,; और सूर्योदय के बाद बहुत भी सोते हैं. लक्ष्मी उन्हें हमेशा त्याग देती हैं, भले ही वह चक्रधर भगवान विष्णु ही क्यों न हों।

श्लोक 5

त्यजन्ति मित्राणि धनैर्विहीनं

दाराश्च भृत्याश्च सुहृज्जनाश्च ।

तच्चार्थवन्तं पुनराश्रयन्ते

ह्यर्थो हि लोके पुरुषस्य बन्धुः ।।

A man without wealth (who has lost his wealth) is forsaken by all, be it their friends, servants, relatives, or their wife. If he gets the money again, then all are drawn back to him.

॥ चाणक्यनीति ॥

धन विहीन (गरीब) को सभी त्याग देते हैं, उनके मित्र, सेवक, सम्बन्धी, और उनकी स्त्री भी. यदि वह फिर से धन प्राप्त कर लेते हैं तो सभी उसके पास खींचे चले आते हैं.

ॐ

श्लोक 6

अन्यायोपार्जितं वित्तं दशवर्षाणि तिष्ठति ।

प्राप्ते चैकादशे वर्षे समूलं तद् विनश्यति ।।

अन्याय से अर्जित किया हुआ धन दस वर्षों तक ही साथ रहता है, तद्पश्चात वह ग्यारवाहें वर्ष में मूल सहित नष्ट हो जाता है.

The wealth earned by injustice remains only for ten years, after which it is (with both principal and interest) destroyed in the eleventh year.

ॐ

श्लोक 7

अयुक्तस्वामिनो युक्तं युक्तं नीचस्य दूषणम् ।

अमृतं राहवे मृत्युर्विषं शङ्करभूषणम् ।।

Worthless things are made useful by having worthy master, and the worthy items becomes worthless by the worthless owners. Rahu even after having amrut (nectar for granting eternal life) died; but lord Shankar (Shiva) drank poison, and it an ornament in his throat (Lord shiva is also called Nilkanth because of the blue color left by poison).

अयोग्य वस्तु योग्य स्वामी के पास योग्य बन जाती है, और योग्य वस्तु भी अयोग्य स्वामी के पास अयोग्य हो जाती है. राहु को अमृत के बाद भी मृत्यु मिली; भगवान शंकर विष पीने के बाद भी, विष उनके गले को भूषण बन गया. (भगवान शिव को नीलकंठ भी कहा जाता है क्योंकि विष से उनका गाला नीला हो गया)।

ॐ

श्लोक 8

॥ चाणक्यनीति ॥

तद् भोजनं यद् द्विज भुक्तशेषं

तत्सौहृदं यत्क्रियते परस्मिन् ।

सा प्राज्ञता या न करोति पापं

दम्भं विना यः क्रियते स धर्मः ।।

The food left after feeding Brahmins first is the true food; true love is the love showered on others; true wisdom is the one who does not commit any sin; and true dharma (righteous conduct) is the one which is done without any pride.

ब्राह्मणो के भोज के उपरांत बचा हुआ भोजन ही सच्चा भोजन है; प्रेम वही सच्चा है जो दूसरों से किया जाये; बुद्धि वही है जो पाप न करे; और धर्म वही सच्चा है जो दम्भ (अभिमान) बिना किया जाए.

ॐ

श्लोक 9

मणिर्लुण्ठति पादाग्रे काञ्चः शिरसि धार्यते ।

क्रयविक्रयवेलायां कायः काञ्चो मणिर्मणिः ।।

The gem may be under the feet and a piece of glass on the forehead (like a jewel). But they would be of their real value at the time of doing business.

मणि भले ही पैर के नीचे हो और कांच को टुकड़ा शीश (सर) पर. लेकिन क्रय विक्रय (बेचते, खरीदते) समय कांच कांच होता है और मणि मणि होती है.

ॐ

श्लोक 10

अनन्तशास्त्रं बहुलाश्च विद्या

अल्पं च कालो बहुविघ्नता च ।

॥ चाणक्यनीति ॥

आसारभूतं तदुपासनीयं

हंसो यथा क्षीरमिवाम्बुमध्यात्।।

The Shastra (scriptures) are infinite, and there are many types of skills to be learnt; but time is short and there are very obstacles in life. So choose properly what you want to learn; as the swan drinks only milk in a mixture of water and milk.

शास्त्र अनंत हैं, और विद्या कई प्रकार की होती हैं; लेकिन समय अल्प (बहुत कम) है और जीवन में बहुत विघ्न (रुकावटें) हैं. इसलिए ठीक से चुनिए को आप क्या सीखना चाहते हैं; जैसे हंस पानी और दूध में दूध पी लेता है.

श्लोक 11

दूरादागतं पथिश्रान्तं वृथा च गृहमागतं ।

अनर्चयित्वा यो भुङ्क्ते स वै चाण्डाल उच्यते ।।

If traveler travelling to long distances comes to one's house, and that person eats his food without hospice and feeding the traveller. Such a man is like a Chandal (most lowly among all humans).

यदि घर में कोई दूर जाने वाला पथिक आ जाये, और कोई उसे बिना सत्कार और उचित भोज के खुद ही खा ले. ऐसा मनुष्य चांडाल समान है.

श्लोक 12

पठन्ति चतुरो वेदान् धर्मशास्त्राण्यनेकशः ।

आत्मानं नैव जानन्ति दर्वी पाकर सं यथा ।।

॥ चाणक्यनीति ॥

Even after all reading the four Vedas and other religious scriptures, the fool remains fool. Just like the spoon which stirs food does not know the true taste of the food.

चारों वेदों को और धर्म शास्त्रों का पड़ने के बाद भी मुर्ख को कोई ज्ञान नहीं. ठीक वैसे ही जैसे भोजन के रस को करछी नहीं जानती (करछी हमेशा भोजन के साथ होती है, लेकिन उससे कुछ ग्रहण नहीं करती).

ॐ श्लोक 13

धन्या द्विजमयीं नौका विपरीता भवार्णवे ।

तरन्त्यधोगता सर्वे उपस्थिता पतन्त्येव हि ।।

The Brahmin is like a boat, though it's behaviour is reverse to the common sense. Those who live below it will float, and those who are above it will drown. Acharya means that those who don't give respect to a true brahmin and tread arrogantly would ruin.

ब्राह्मण एक नाव की तरह है, हालांकि इसका व्यवहार सामान्य ज्ञान से उलट होता है। नीचे रहने वाले लोग तैरेंगे , और जो लोग ऊपर हैं वे डूबेंगे। आचार्य का अर्थ है कि जो लोग एक सच्चे ब्राह्मण के प्रति सम्मान नहीं करते हैं और अहंकार से चलते हैं वे विनाश को प्राप्त करेंगे।

ॐ श्लोक 14

अयममृतणनिधानं नायको औषधीनां

अमृतमयशरीरः कान्तियुक्तोऽपि चन्द्रः ।

भवति विगतरश्मिर्मण्डले प्राप्य भानोः

परसदननिविष्ट को न लघुत्वं याति ।।

The moon which is full of nectar and which is considered a deity in medicines, whose body is immortal like nectar. He

॥ चाणक्यनीति ॥

also finds smallness when he goes to the sun's house. In the same way, one person becomes small if he stays at another's house.

चन्द्रमा जो अमृत से भरा है और जो औषधियों में देवता माना जाता है, जिसका शरीर अमृत के समान अमर है. वह भी लघुता पाता है जब वह सूर्य के घर जाता है. ठीक उसी प्रकार एक व्यक्ति दुसरे के घर जाकर लघुता पाता है.

ॐ

श्लोक 15

अलिरयं नलिनिदलमध्यमः

कमलिनीमरकन्दमदालसः ।

विधिवशात्प्रदेशमुपागतः

कुरजपुष्परसं बहु मन्यते ।।

The honey bee who drinks nectar of lotus from pond; if ever the pond dries or the bee goes elsewhere; in those circumstances it finds ordinary flower's nectar also to be very nice.

कमल से भरे हुए तालाब में रहने वाला भंवरा जो कमल की नाजुक पंखडियो में बैठकर उसके मीठे मधु का पान करता है; वह तालाब सूख जाने पर या कहीं और जाने पर साधारण पुष्प को भी बहुत अच्छा समझता है.

ॐ

श्लोक 16

पीतः क्रुद्धेन तातश्चरणतलहतो वल्लभोऽयेन रोषा

अबाल्याद्विप्रवर्यैः स्ववदनविवरे धार्यते वैरिणी मे ।

गेहं मे छेदयन्ति प्रतिदिवसममाकान्त पूजानिमित्तात्

॥ चाणक्यनीति ॥

तस्मात् खिन्ना सदाऽहं द्विज कुलनिलयं नाथ युक्तं त्यजामि ।।

Here Acharya is talking about an interaction between Lakshmi and Vishnu; Vishnu asks Laxmi why she doesn't go to Brahmans house. She replies "Agystya rishi drank the water of Ocean, my father; Bhargu kicked my husband's chest, Brahmans always pray Saraswati, and for praying tear the lotus flowers which are home to me". How can I go to their homes?

यहां आचार्य लक्ष्मी और विष्णु के बीच बातचीत के बारे में बता रहे हैं; विष्णु लक्ष्मी से पूछते हैं कि वह ब्राह्मणों के घर क्यों नहीं जातीं? लक्ष्मी ने उत्तर दिया , "अग्रिस्त ऋषि ने महासागर के सम्पूर्ण पानी को पी लिया; भृगु ने मेरे पति की छाती को लात मारी, ब्राह्मण हमेशा सरस्वती प्रार्थना करते हैं, और कमल के फूलों को तोड़ते हुए शिव प्रार्थना करते हैं, कमल पुष्प मेरे घर समान हैं "। मैं ऐसे ब्राह्मणों के घर कैसे जा सकती हूँ ?

ॐ **श्लोक 17**

बन्धनानि खलु सन्ति बहूनि

प्रेमरज्जुकृतबन्धनमन्यत् ।

दारुभेदनिपुणोऽपि षडंघ्रि

र्निष्क्रियो भवति पङ्कजकोशे ।।

There are many bonds, but the bond of love is the strongest. The bee which is capable of doing holes in strong wood, becomes inactive in the lotus petals (during dusk it gets caught in the petals of lotus).

बंधन तो अनेक होते हैं, लेकिन प्रेम को बंधन सबसे मजबूत है. भंवरा जो मजबूत लकड़ी में छेद करने में भी सक्षम है, वो कमल के कोष में

॥ चाणक्यनीति ॥

निष्क्रिय हो जाता है (भंवरा साँझ होने पर कमल की पंखुड़ियों में कैद हो जाता है).

श्लोक 18

छिन्नोऽपि चन्दनतरुर्न जहाति गन्धं

वृद्धोऽपि वारणपतिर्न जहाति लीलानम् ।

यन्त्रार्पितो मधुरतां न जहार्ति चेक्षु

क्षणोऽपि न त्यजति शीलगुणान्कुलीनः ।।

Even after being distorted (on breakage) the tree does not leave its scent. The elephant does not leave his playfulness even after being old. Sugarcane does not leave its sweetness even after grinding. Similarly a noble man do not give up their morals and qualities even after becoming extremely poor.

छिन्न होने पर भी (टूट जाने पर) चन्दन को पेड़ (तरु) अपनी गंध नहीं छोड़ता. वृद्ध होने पर भी हाथी अपनी लीला नहीं छोड़ता. पीस जाने पर भी गन्ना अपनी मिठास नहीं छोड़ता. ऐसे ही कुलीन दरिद्र होने पर भी अपना शील और गुण नहीं त्यागते.

श्लोक 19

उर्ध्यां कोऽपि महीधरो लघुतरो दोर्म्यां धृतौ लीलया

तेन त्वं दिवि भूतले च सततं गोवर्धनो गीयसे ।

त्वां त्रैलोक्यधरं वहायि कुचयोरग्रेण नो गण्यते

किं वा केशव भाषणेन बहुना पुण्यं यशसा लभ्यते ।।

॥ चाणक्यनीति ॥

Krishna you lifted a small mountain by your hands. And because of this you are call gowardhan in earth and heaven. You support the three worlds and I support you but no one recognizes me. No need to say Krishna, that no one gets fame by his merits.

कृष्ण आपके हाथों नें एक छोटा पहाड़ उठा लिया। और इस वजह से आप पृथ्वी और स्वर्ग में यश पाते हैं और गोवर्धन कहलाते हैं। आप तीनों लोकों का धारण करते हैं और में आपको धारण करती हूँ. लेकिन कोई भी मुझे पहचानता नहीं है. कृष्ण यह कहने की ज़रूरत नहीं है कि कोई भी केवल उनके गुणों से प्रसिद्धि प्राप्त (यश प्राप्ति) नहीं कर सकता है।

॥ चाणक्यनीति ॥

अध्याय/Chapter 16

श्लोक 1

न ध्यातं पदमीश्वरस्य विधिवत्संसारविच्छित्तये

स्वर्गद्वारकपाटपाटनपटुः धर्मोऽपि नोपार्जितः ।

नारीपीनपयोधरयुगलं स्वप्नेऽपि नार्लिंगितं

मातुः केवलमेव यौवनच्छेदकुठारो वयम् ।।

- Could not devote myself to god's feet for relieving from the cycle of this world.

- Could not accumulate dharma which is sufficient to break open the doors of heaven.

- Could not had company of woman even in dreams.

Such birth is useless and only takes away the youth of mother.

Probably Acharya here wants a human to live a human life in either a worldly way or a saintly way. Living neither is just a waste of the human birth.

- इस जीवन के चक्र से मुक्ति पाने के लिए भगवान के पैरों पर खुद को समर्पित नहीं कर सका।

- स्वर्ग के द्वार को तोड़ने के लिए पर्याप्त मात्रा में धर्म जमा नहीं किया।

- सपनों में भी स्त्री को साथ नहीं था।

ऐसा जन्म बेकार है और केवल माँ के यौवन को ले जाता है।

॥ चाणक्यनीति ॥

शायद आचार्य यहां चाहते हैं कि एक इंसान को जीवन संसारिक तरीके से या संत की तरह जीना चाहिए। नहीं तो मनुष्य रूप जीवन व्यर्थ है।

स्वर्ग-द्वार-कपाट-पाटन-पटुः - स्वर्ग द्वार के कपाटों को खोलने में समर्थ, capable of opening doors of heaven.

ॐ

श्लोक 2

जल्पन्ति सार्धमन्येन पश्यन्त्यन्यं सविभ्रमाः।

हृदये चिन्तयन्तयन्यं न स्त्रीणामेकतो रतिः ।।

The nature of women is not constant. When she talks to someone, she sees someone else, and thinks about someone else. These women do not have love for a single man. Here, Acharya Chanakya has described the tendency of prostitutes.

स्त्रियों का स्वभाव चलायमान होता है। जब वह किसी से बातचीत करती हैं, वह किसी और को और देखती हैं, और किसी और के बारे में सोचती हैं। इन स्त्रियों को प्रेम एक मनुष्य के लिए नहीं होता। यहाँ आचार्य चाणक्य ने कुलटाओं (वेश्याओं) की प्रवृत्ति का वर्णन किया है।

ॐ

श्लोक 3

यो मोहयन्मन्यते मूढो रत्तेयं मयि कामिनी ।

स तस्य वशगो भूत्वा नृत्येत् क्रीडा शकुन्तवत् ।।

Fools when interacting with beautiful women make imaginary assumptions that the women are enchanted with them. And for this reason, such fools become slaves of women, and dance on their tunes just like a pet bird.

मुर्ख खूबसूरत महिलाओं से आचरण करते हुए काल्पनिक धारणा बना लेते हैं कि वे महिलायें उन पर मुग्ध हैं। और इस कारण ऐसे मुर्ख

॥ चाणक्यनीति ॥

महिलाओं के दास बन जाते हैं, और उनके इशारे पर ठीक वैसे ही नाचते हैं जैसे एक पला हुआ पक्षी।

श्लोक 4

कोऽर्थान्प्राप्य न गर्वितो विषयिणः कस्यापदोऽस्तंगताः ।

स्त्रीभिः कस्य न खण्डितं भुवि मनः को नाम राज्ञप्रियः ॥

कः कालस्य न गोचरत्वमगमत् कोऽर्थो गतो गौरवम् ।

को वा दुर्जनदुर्गुणेषु पतितः क्षेमेण यातः पथि ॥

कौन ऐसा है जिसे धन पाकर गर्व न हुआ, कौन ऐसा विषयी व्यक्ति है जिसके सारे दुःख समाप्त हो गए; स्त्री ने किसका दिल न तोडा, कौन सदा राजा को प्रिय रहा, काल को किसने न देखा, किस दरिद्र का यश प्राप्त हुआ, ऐसा कौन है जो दुष्ट जनो के साथ जाकर भी सकुशल रहा.

Who is not proud after getting wealth, who is the material person whose sorrow ended; whose heart is not broken by woman, who was always loved by the king, whom time never touched, who is poor who became famous, who in the company of evil people always remained safe.

श्लोक 5

न निर्मिता केन न दृष्टपूर्वा न श्रूयते हेममयी कुरङ्गी ।

तथाऽपि तृष्णा रघुनन्दनस्य विनाशकाले विपरीतबुद्धिः ॥

No body ever see or hear about a golden deer in the past, nor it was ever created. Even then Raghu-nandan (The offspring of Raghu, lord Ram) had cravings for it. Indeed a the time of one's destruction his knowledge forsakes him.

॥ चाणक्यनीति ॥

अतीत में किसी ने भी स्वर्ण हिरण के बारे में नहीं सुना या देखा था। फिर भी रघु-नंदन (राजा राम) इसके पीछे गए। विनाश के समय बुद्धि विप्रीत (उलटी) हो जाती है (यानि विनाश के समय ज्ञान साथ छोड़ देता है).

ॐ **श्लोक 6**

गुणैरुत्तमतां यान्ति नोच्चैरासनसंस्थितैः ।

प्रसादशिखरस्थोऽपि किं काको गरुडायते ।।

एक आदमी अपने गुणों/योग्यता से महानता प्राप्त करता है, न केवल एक ऊँचे स्थान पर बैठकर। एक ईमारत के शिखर पर बैठकर एक कौवा गरुड़ नहीं हो जाता।

A man gets greatness from his qualities / abilities, not by just sitting in a high place. A crow sitting on the peak of a building doesn't become an eagle.

ॐ **श्लोक 7**

गुणाः सर्वत्र पूज्यन्ते न महत्योऽपि सम्पदः ।

पूर्णेन्दु किं तथा वन्द्यो निष्कलङ्को यथा कुशः ।।

Everywhere it's the virtues of a person which are praised and not the riches. The little moon on the second day of antecedence is given much more importance than a full moon.

गुणों की सभी जगह पूजा होती है, न की बड़ी सम्पत्तियों की। क्या पूर्णिमा के चाँद को उसी प्रकार से नमन नहीं करते, जैसे दूज के चाँद को ?

ॐ **श्लोक 8**

परमोक्तगुणो यस्तु निर्गुणोऽपि गुणी भवेत् ।

॥ चाणक्यनीति ॥

इन्द्रोऽपि लघुतां याति स्वयं प्रख्यापितैर्गुणैः ।।

The people who are praised by others are considered virtuous even though they may be virtueless. A man is respected because of his virtues. But a man who has to do self praise (i.e. vocally has to tell others about his virtues), even though he may be Indra, never gets any respect.

जिन व्यक्तियोँ के गुणों को और लोग प्रशंसा करते हैं, उन्हें योग्य माना जाता है, हालांकि वह वास्तव में सभी योग्यताओं से रहित हो सकता है. लेकिन जो व्यक्ति अपनी योग्यता को स्वयं बखान करता है, वह हमेशा लघुता पाता है, चाहे वह इंद्र ही क्यों न हो।

श्लोक 9

विवेकिनमनुप्राप्तो गुणो याति मनोज्ञताम् ।

सुतरां रत्नमाभाति चामीकरनियोजितम् ।।

Getting wisdom the virtues beget beauty; when a gemstone is embedded in gold it becomes much more beautiful.

जिस तरह रत्न स्वर्ण में जड़कर अत्यंत सुन्दर हो जाता है, जबकि लोहे में शोभाहीन होता है. उसी प्रकार ज्ञानी का गुणवान होना उसे और सुशोभित करता है.

श्लोक 10

गुणं सर्वत्र तुल्योऽपि सीदत्येको निराश्रयः ।

अनर्घ्यमपि माणिक्यं हेमाश्रयमपेक्षते ।।

Till the time a virtuous and knowledgable person doesn't get his suitable place in society, till that time he is neglected and is considered worthless. Same as a

॥ चाणक्यनीति ॥

gemstone, which unless found and embedded in gold remains under earth and without any value.

जब तक गुणवान और ज्ञानी को समाज में उसका उचित स्थान नहीं मिलता, तब तक वह उपेक्षित होता है और उसे बेकार माना जाता है। एक रत्न के समान, जो जब तक सोने में जड़ित नहीं होता, और पृथ्वी के नीचे रहता है; तब तक वह मूल्यहीन होता है।

ॐ **श्लोक 11**

अतिक्लेशेन ये चार्थाः धर्मस्यातिक्रमेण तु ।

शत्रूणां प्रणिपातेन ते ह्यर्थाः न भवन्तु मे ।।

The wealth accumulated by causing misery to others, or by adharma, or by taking shelter in enemy's place; may I never get these riches.

दूसरों का दुःख पहुंचाकर, या अधर्म द्वारा, या दुश्मनों के पास शरण लेने से; प्राप्त धन, मुझे ऐसा धन नहीं चाहिए.

ॐ **श्लोक 12**

किं तया क्रियते लक्ष्मया या वधूरिव केवला ।

या तु वेश्यैव सामान्यपथिकैरपि भुज्यते ।।

What is the use of the money which is kept inside like a bride of a high family OR which like a prostitute is available to all. Acharya means that a money of a fool who just uses it for his own pleasures is useless; as is the wealth which is with another fool who without thinking gives it to one an all.

उस धन का उपयोग क्या है जो एक कुलीन दुल्हन की तरह संभालकर रखा जाता है या जो किसी वेश्या की तरह सभी के लिए उपलब्ध है। आचार्य का अर्थ है कि मूर्ख का धन, जो उसे केवल अपने सुखों के लिए

॥ चाणक्यनीति ॥

इसका उपयोग करता है वह बेकार है; वैसे ही उस मूर्ख को धन भी बेकार है जो सोचने बिना सोचे उसे किसी को भी दे देता है।

श्लोक 13

ॐ

धनेषु जीवितव्येषु स्त्रीषु चाहारकर्मषु ।

अतृप्ता प्राणिनः सर्वे याता यास्यन्ति यान्ति च ।।

Not satiated in wealth, woman and food, human beings came and went.

Acharya means that for salvation we should not be seeking satisfaction in these.

धन, स्त्री और भोजन में तृप्त नहीं हुए; इस तरह के मानव आए, चले गए, और फिर आएंगे।

आचार्य का मतलब है कि उद्धार के लिए हमें इन सब में संतुष्टि नहीं ढूढ़नी चाहिए।

ॐ

श्लोक 14

क्षीयन्ते सर्वदानानि यज्ञहोमबलि क्रियाः ।

न क्षीयते पात्रदानम भयं सर्वदेहिनाम् ।।

Yagna, charities to all, sacrifice, karma; they all loose shine after a while. But the alms given to needy and the protection offered to all living never looses its shine.

यज्ञ, दान (सभी का दिया गया), बली, कर्म, इनका प्रभाव जल्द ही समाप्त होता है। लेकिन जरूरतमंदों को दिए गए दान और सभी जीवों को प्रदान किया अभय, यह हमेशा के लिए रहता है ।

ॐ

श्लोक 15

तृणं लघु तृणात्तूलं तूलादपि च याचकः ।

॥ चाणक्यनीति ॥

वायुना किं न जीतोऽसौ मामयं याचयिष्यति ।।

In this world grass is lightest, but cotton is much lighter than grass and the beggar is lighter in all. But the wind only carries grass and cotton but never a begger, why? Because it fears that the begger would ask alms for him as well. It's a satire on beggers that the beggers don't have any character.

तृण (घास) हलकी होती है, उससे हलकी कपास (रुई) है, लेकिन इन सब से भी हल्का याचक (मांगने वाला) होता है। लेकिन तेज हवा में घास और कपास उड़ जाती है, लेकिन याचक कभी नहीं, क्यों? क्योंकि हवा का यह आशंका है कि भिकारी उसके लिए भीख न मांग ले। यहाँ आचार्य याचक पर व्यंग्य करते हैं कि याचक (भिकारी) के पास कोई चरित्र नहीं है।

श्लोक 16

वरं प्राणपरित्यागो मानभङ्गेन जीवनात।
प्राणत्यागे क्षणं दुःखं मानभङ्गे दिने दिने ॥१६॥

Instead of living after facing dishonor its better to die. A dishonoured man is miserable all the time, but death brings misery but once.

अपमान को हमेशा झेलने से, मृत्यु प्राप्त करना बेहतर है। अपमान झेलने से मनुष्य हर समय दुखी होता है, लेकिन मृत्यु केवल एक बार दुःख देती है।

श्लोक 17

प्रियवाक्यप्रदानेन सर्वे तुष्यन्ति मानवाः ।

तस्मात् तदेव वक्तव्यं वचने का दरिद्रता ।।

॥ चाणक्यनीति ॥

By saying sweet polite words, a man can satisfy all. Hence we should always talk sweet and polite. There is no-one who can be poor of sweet words.

नम्र, विनम्र शब्दों को कहकर, एक आदमी सभी को संतुष्ट कर सकता है। इसलिए हमें हमेशा मीठा और विनम्र बात करना चाहिए। कोई भी नहीं है जो मीठे शब्दों से दरिद्र होता है ।

ॐ

श्लोक 18

संसार कटु वृक्षस्य द्वे फले ह्यमृतोपमे ।

सुभाषितं च सुस्वादुः सङ्गति सज्जने जने ।।

In this world, which can also be seen as a fruit granting tree, there are only two sweet fruits. They are sweet (polite) talk and company of saints.

इस दुनिया में, जिसे फल देने वाले पेड़ के रूप में देखा जा सकता है, यहाँ केवल दो मीठे फल हैं. वे हैं १. मीठा (विनम्र) बात करना २. संतों जनों को साथ।

ॐ

श्लोक 19

जन्मजन्मनि चाभ्यस्तं दानमध्ययनं तपः ।

तेनैवाभ्यासयोगेन देहि वाऽभ्यस्यते ।।

Charity, learning and austerity is always linked to your previous life. We should earn more of these in the the current birth as well.

दया, दान, तप जन्म जन्मांतर से जुड़े रहते हैं। हमें इन्हें वर्तमान जन्म में भी संचय करना चाहिए।

ॐ

श्लोक 20

पुस्तकेषु च या विद्या परहस्तेषु च यद्धनम् ।

॥ चाणक्यनीति ॥

उत्पन्नेषु च कार्येषु न सा विद्या न तद्धनम् ॥

The knowledge in which is only in books (never ingrained) and the wealth which is with others (not with self); these are never of any use, in the time of need.

ज्ञान जो किताबों में ही है (जिसे कभी ग्रहण नहीं किया) और जो धन दूसरों के साथ है (स्वयं के साथ नहीं); जरूरत के समय इनका कभी भी उपयोग नहीं किया जा सकता है।

॥ चाणक्यनीति ॥
अध्याय/Chapter 17

श्लोक 1

पुस्तकं प्रत्याधीतं नाधीतं गुरुसन्निधौ ।

सभामध्ये न शोभन्ते जारगर्भा इव स्त्रियः ॥

One who has gained knowledge only from books and never had contact with any Gurus. He doesn't shine in the assembly of learned men, same as a pregnant lady with illegitimate child in belly. Here acharya means that for the proper and complete learning its must that we should be in company of knowledgable and learned gurus.

जिसने केवल पुस्तकों से ज्ञान प्राप्त किया है और कभी भी गुरु के संपर्क से नहीं. वह ज्ञानियों की सभा में आदर नहीं पाता, नाजाइज़ बच्चे से गर्भवती महिला के समान। यहां अचार्य का अर्थ है कि उचित और पूर्ण शिक्षा के लिए हमे जानकार/योग्य गुरुओं को साथ होना चाहिए।

श्लोक 2

कृते प्रतिकृतिं कुर्यात् हिंसेन प्रतिहिंसनम् ।

तत्र दोषो न पतति दुष्टे दौष्ट्यं समाचरेत् ॥

उपकारी के साथ उपकार और हिंसक के साथ हिंसा करनी चाहिए. दुष्ट से दुष्टता करने में कोई बुराई नहीं.

We should deal kindly with the kind, and would deal violently with the violent. Dealing wickedly with the wicked does not incur you and fault/sin.

श्लोक 3

यद् दूरं यद् दुराराध्यं यच्च दूरे व्यवस्थितम् ।

॥ चाणक्यनीति ॥

तत्सर्वं तपसा साध्यं तपो हि दुरतिक्रमम् ॥

जो वस्तु दूर है, दुराराध्य (पाने में कठिन) है, उसे भी तप (अर्थात अत्याधिक परिश्रम) से प्राप्त किया जा सकता है. तप प्रबल है.

The thing which is far away, is difficult to get, it can also be obtained by austerity/tenacity (or excessive perseverance). Austerity is very powerful and strong.

श्लोक 4

लोभश्चेदगुणेन किं पिशुनता यद्यस्ति किं पातकैः

सत्यं यत्तपसा च किं शुचिमनो यद्यस्ति तीर्थेन किम् ।

सौजन्यं यदि किं गुणैः सुमहिमा यद्यस्ति किं मण्डनैः

सद्विद्या यदि किं धनैरपयशौ यद्यस्ति किं मृत्युना ॥

- Why a greedy should care about other's vices

- Why a backbiter should care about sin

- Why a truthful person care about penance and austerities.

- Why a guiltless care about visiting teerths (sacred places).

- Why a gentle man should care about other virtues.

- Why a celebrity should care about self decoration.

- Why an educated man should care about wealth.

- Why an infamous person should care about death.

- एक लालची को दूसरे के दोषों के क्या

- एक निंदक और चुगलखोर को पाप से क्या

॥ चाणक्यनीति ॥

- सत्यार्थी का तप से क्या
- मन शुद्ध है तो तीर्थों (पवित्र स्थानों) से क्या
- यशवान का श्रृंगार से क्या
- शिक्षित व्यक्ति को धन से क्या
- बदनाम व्यक्ति का मृत्यु से क्या

अर्थक उपरोक्त एक दुसरे के प्रयायवाची हैं.

श्लोक 5

पिता रत्नाकरो यस्य लक्ष्मीर्यस्य सहोदरी ।

शङ्खो भिक्षाटनं कुर्यान्न दत्तमुपतिष्ठति ।।

Father (ocean) having so many gemstones, sister being Lakshmi, but still a counch must go door to door to seek alms. It is true that without giving you won't get anything.

साधु लोग शंख का लेकर भीख मांगते हैं, इसके बारे में आचार्य ने कहा है.

पिता समुद्र रत्नो से मालामाल हैं, लक्ष्मी बहन हैं; फिर भी शंख भीक मांगता है. इससे बड़ी विडम्बना क्या हो सकती है.

श्लोक 6

अशवतस्तुभवेत्साधुर्ब्रह्मचारी च निर्धनः ।

व्याधिष्ठो देवभक्तश्च वृद्धा नारी पतिव्रता ।।

शक्तिहीन व्यक्ति साधू बन जाता है. निर्धन ब्रह्मचारी बन जाता है. जिसको व्याधि (रोग) होता है वह देव भक्त हो जाता है, और वृद्धा नारी पतिव्रता हो जाती है. यहाँ आचार्य को आशय है, को मनुष्य को व्य्व्हार उसकी परिस्तिथि से भी बदलता है.

॥ चाणक्यनीति ॥

A powerless person becomes a sadhu. The poor becomes sadhu. a diseased becomes a devotee of God. And an old woman becomes devoted to husband. Here, Acharya says, the behavior of a man changes with his condition.

श्लोक 7

नान्नोदकसमं दानं न तिथिर्द्वादशी समा ।

न गायत्र्याः परो मन्त्रो न मातुर्दैवतं परम् ।।

No alms better than water and food, no date better than dhawdasi (twelth day of lunar calendar), no mantra greater than Gayathri mantra and no god better than mother.

पानी और भोजन से बेहतर कोई भिक्षा नहीं, द्वादशी से बेहतर कोई तिथि नहीं, गायत्री मंत्र से बेहतर कोई भी मंत्र नहीं है, और माँ से बेहतर कोई भगवान नहीं है।

श्लोक 8

तक्षकस्य विषं दन्ते मक्षिकाया मुखे विषम् ।

वृश्चिकस्य विषं पुच्छे सर्वाङ्गे दुर्जने विषम् ।।

तक्षक (सर्प) के दांत में, जहरीली मक्खी के डंक में, बिच्छू को पूँछ में विष होता है. लेकिन एक दुर्जन के पूरा शरीर विष से भरा होता है.

In the fang of snake, in the sting of poisonous fly, and in the tail of the scorpion; surely we will find poison. But the whole body of a wicked person is full of poison.

श्लोक 9

पत्युराज्ञां विना नारी उपोष्य व्रतचारिणी ।

आयुष्य हरते भर्तुः सा नारी नरकं व्रजेत् ।।

॥ चाणक्यनीति ॥

The woman who fasts without the permission of husband, her age reduces and she goes to hell. Here Acharya means that a woman should listen to her husband.

वह महिला जो पति की अनुमति के बिना उपवास करती है, उसकी उम्र कम हो जाती है और वह नरक में जाती है। यहां आचार्य का मतलब है कि महिलाओं को अपने पति की बात सुननी चाहिए।

ॐ

श्लोक 10

न दानैः शुध्यते नारी नोपवासशतैरपि ।

न तीर्थसेवया तद्वद् भतुः पादोदकैर्यथा ।।

Neither from daan (alms giving), nor from fasting. Neither tirtha (going to religious places) nor from taking dip in holy rivers. But with serving her husband a woman become pious.

न दान से और न ही उपवास से। न तो तीर्थ से और न ही पवित्र नदियों में नहाने से। परन्तु अपने पति की सेवा करने के साथ एक महिला पवित्र हो जाती है।

ॐ

श्लोक 11

दानेन पाणिर्न तु कङ्कणेन

स्नानेन शुद्धिर्न तु चन्दनेन ।

मानेन तृप्तिर्न तु भोजनेन

ज्ञानेन मुक्तिर्न तु मण्डनेन ।।

The hands become beautiful by giving alms and not by wearing beautiful ornaments, the body becomes clean by taking bath and not using sandal wood, one feels satisfied

॥ चाणक्यनीति ॥

by being honoured and not by providing food, knowledge gives salvation and not self decoration.

हाथ दान से खूबसूरत होते हैं न की गहनों से. शरीर नहाने से शुद्ध होता है न की चन्दन की लकड़ी के लेप से. मनुष्य सम्मान से तृप्त (संतुष्ट) होता है, भोजन से नहीं, ज्ञान ही मुक्ति प्रदान करता है सजावट नहीं (तिलक लगाने या भगवा वस्त्र पहनने से मुक्ति नहीं होती)।

ॐ

श्लोक 12

नापितस्य गृहे क्षौरं पाषाणे गन्धलेपनम् ।

आत्मरूपं जले पश्यन् शक्रस्यापि श्रियं हरेत् ।।

Going to barbers home for grooming, taking sandal paste from stone, and seeing himself in water; even if these are done by Indra, he also loses goddess Lakshmi (wealth).

नाइ के घर बाल कटवाने के लिए जाना, पत्थर से घिसे चन्दन को लेप लगाना और पानी में खुद को देखना; इनसे धन को ग्रास होता है चाहे फिर ऐसा इंद्र ही क्यों न करें.

ॐ

श्लोक 13

सद्यः प्रज्ञाहरा तुण्डी सद्यः प्रज्ञाकरी वचा ।

सद्यः शक्तिहरा नारी सद्यः शक्तिकरं पयः ।।

By eating Tundi one looses his senses immediately, by eating vach the sense returns. By having intercourse with woman man loses his power and by drinking milk he gets his power back.

तुण्डी खाने से आदमी तुरंत अपनी प्रज्ञा (बुद्धि) को खो देता है, और वच खाने से उसकी प्रज्ञा लौटती है। स्त्री के साथ संभोग करने से अपनी शक्ति को खो देता है और दूध पीने से वह अपनी शक्ति वापस आ जाती है.

ॐ

॥ चाणक्यनीति ॥

श्लोक 14

यदि रामा यदि च रमा यदि तनयो विनयगुणोपेतः ।

तनयो तनयोत्पत्तिः सुरवरनगरे किमाधिक्यम् ।।

If you have polite wife, if you have wealth, if you a vituous son and if you have a grandson; then what is more than this in heaven?

यदि आपके पास विनयपूर्ण पत्नी है, आपके पास धन है, आप सुपुत्र हैं और यदि आपके पास पोते हैं; तो स्वर्ग में इसके अलावा क्या है?

ॐ **श्लोक 15**

आहारनिद्रा भय मैथुरानि

समानि चैतानि नृणां पशूनाम् ।

ज्ञाने नराणामधिको विशेषो

ज्ञानेन हीना पशुभिः समानाः ।।

Food, sleep, fear and copulation, these are same in human and animals. But knowledge is found only in humans, hence human without knowledge is same as an animal.

आहार, निद्रा, भय और मैथुन; ये मनुष्य और जानवरों में समान हैं। लेकिन ज्ञान केवल मनुष्यों में पाया जाता है, इसलिए ज्ञान के बिना मनुष्य पशु के समान है।

ॐ **श्लोक 16**

दानार्थिनो मधुकरा यदि कर्णतालै

दूरीकृता करिवरेण मदान्धबुद्धया ।

तस्यैव गण्डयुगमण्डनहानिरेव

॥ चाणक्यनीति ॥

भृङ्गाः पुनर्विकचपद्मवने वसन्ति ॥

If intoxicated by arrogance, the elephant flays the bees from his ears. The loss is not of the bees but of the elephant. The bees go to the lotus in water, but the elephant lost the charm.

Acharya means that if an arrogant person doesn't offer alms to those who seek him, it not the poor who lose anything. Its the arrogant person as he loses his respect and charm.

अहंकार के नशे में तो हाथी अपने कानों से मधुमक्खियों को भगाता है। यहाँ नुकसान मधुमक्खियों का नहीं है, लेकिन हाथी का है, इसके बाद मधुमक्खियां पानी में कमल के पास जाते हैं. और इससे हाथी को आकर्षण खो जाता है।

आचार्य का अर्थ है कि यदि एक घमंडी व्यक्ति दान नहीं देता तो वह अपना सम्मान और आकर्षण खो देता है.

श्लोक 17

राजा वेश्या यमश्चाग्निः चौराः बालक याचकाः ।

परदुःखं न जानन्ति अष्टमो ग्रामकण्टकः ॥

The King, the prostitute, the Yama, the fire, the thief, the child, and the beggar, these people do not know the suffereing of others. Eighth on this list is the gram kantak (village tax collector).

राजा, वेश्या, यम, अग्नि, चोर, बालक, और याचक (भिकारी), ये लोग दूसरों को दुःख नहीं समझते। इनमे आठवां है ग्राम कण्टक (गांव को कर लेने वाला).

॥ चाणक्यनीति ॥

ॐ

श्लोक 18

अधः पश्यसि किं बाले पतितं तव किं भुवि ।

रे रे मूर्ख न जानासि गतं तारुण्यमौक्तिकम् ।।

The man asked the woman, "What do you see below", the woman said, "hey dumbo, I have lost the pearl of my youth".

पुरुष ने महिला से पुछा, "नीचे क्या देखती हो", महिला ने बोला, "रे मुर्ख मेरे यौवन को मोती खो गया है".

ॐ

श्लोक 19

व्यालाश्रयाऽपि विफलापि सकण्टकाऽपि।

वक्राऽपि पङ्किल-भवाऽपि दुरासदाऽपि।

गन्धेन बन्धुरसि केतकि सर्वजन्तोर्

एको गुणः खलु निहन्ति समस्तदोषान्।।

O ketki flower! Serpents live in your midst, you bear no edible fruits, your leaves are covered with thorns, you are crooked in growth, you thrive in mud, and you are not easily accessible. Still for your exceptional fragrance you are as dear as kinsmen to others. Hence, a single excellence overcomes a multitude of blemishes.

हे केतकी के फूल! साँप आपके बीच रहते हैं, आप में कोई भी खाने योग्य फल नहीं लेते हैं, आपके पत्ते कांटों से ढके रहते हैं, आप थेड़े मेढे हैं, आप कीचड़ में उगते हैं, और आप आसानी से उपलब्ध नहीं होते हैं। फिर भी आपके असाधारण खुशबू के लिए आप सभी का अत्याधिक प्रिय हैं।

इसलिए, एक ही गुण से सारी कमियां छुप जाती हैं।

॥ चाणक्यनीति ॥

सत्यमेव जयते

॥ चाणक्यनीति ॥

उपसंहार

पुस्तक के आखिरी पृष्ठ पर होने के लिए धन्यवाद, मुझे आशा है कि यह पृष्ठों की यादृच्छिक स्क्रॉलिंग से नहीं, बल्कि पुस्तक के विचारशील पढ़ने और समझ से है।

अब मुझे आपकी मदद चाहिए। क्योंकि आप अंतिम पृष्ठ पर हैं या तो आपको पुस्तक पसंद आई है या नहीं (और पुस्तक को बस ब्राउज किया गया है)। कृपया अमेज़ॅन पर पुस्तक पुस्तक के बारे मैं अपनी राय रखें। सकारात्मक फीडबैक पुस्तक की मदद करेगा और नकारात्मक फीडबैक लेखनी में सुधार करने के लिए प्रेरित करेगा।

पुस्तक पढ़ने के लिए आपका बहुत धन्यवाद, अब आपसे बहुत सारी शुभकामनों के साथ विदाई लेता हूँ।

॥ चाणक्यनीति ॥

Epilogue

Thanks for being on the last page of the book, I hope its not by random scrolling of the pages, but by thoughtful reading and understanding of the book.

Now I need some help from you. Because you are on the last page either you liked the book OR didn't and hence just browsed through. In either case, please be kind enough to post your opinion of the book on Amazon. AFFECTION OF POSITIVE FEEDBACK HELPS THE BOOK AND THE BRICKBATS OF NEGATIVE FEEDBACK HELPS ME IMPROVE MY WRITING (AND CONTENT); SO PLEASE KEEP IT COMING.

Thanks again for browsing through the book and wish you the very best for your journey of life.

॥ चाणक्यनीति ॥

Appendix

References

https://hi.wikipedia.org/wiki/
http://www.hinduism.co.za/chanakya.htm
http://www.worldheritage.org/article/WHEBN0000481604/
Chanakya

Images

https://en.wikipedia.org/wiki/File:Chanakya_artistic_depicti
on.jpg (Public Domain)
https://en.wikipedia.org/wiki/File:Chandragupta_Maurya_E
mpire.png (licensed under CC BY-SA)
https://en.wikipedia.org/wiki/File:Chandragupt_maurya_Birl
a_mandir_6_dec_2009_(31)_(cropped).JPG (licensed under
CC BY-SA)
https://en.wikipedia.org/wiki/File:MauryanCoin.JPG (Public
Domain)
https://en.wikipedia.org/wiki/File:Sanchi2.jpg (licensed
under CC BY-SA)
https://en.wikipedia.org/wiki/File:Shravanabelagola2007_-
_44.jpg (licensed under CC BY-SA)
https://en.wikipedia.org/wiki/File:North_Gateway_-
_Rear_Side_-_Stupa_1_-_Sanchi_Hill_2013-02-21_4480-
4481.JPG (licensed under CC BY-SA)
https://en.wikipedia.org/wiki/Nanda_Empire#/media/File:N
anda_Empire,_c.325_BCE.png (licensed under CC BY-SA)

॥ चाणक्यनीति ॥

https://hi.wikipedia.org/wiki/%E0%A4%9A%E0%A4%BF%E0%A4%A4%E0%A5%8D%E0%A4%B0:Brahmi_script_on_Ashoka_Pillar,_Sarnath.jpg (licensed under CC BY-SA)
https://hi.wikipedia.org/wiki/%E0%A4%AA%E0%A5%8D%E0%A4%B0%E0%A4%BE%E0%A4%9A%E0%A5%80%E0%A4%A8_%E0%A4%AD%E0%A4%BE%E0%A4%B0%E0%A4%A4%E0%A5%80%E0%A4%AF_%E0%A4%B5%E0%A4%BF%E0%A4%9C%E0%A5%8D%E0%A4%9E%E0%A4%BE%E0%A4%A8_%E0%A4%A4%E0%A4%A5%E0%A4%BE_%E0%A4%AA%E0%A5%8D%E0%A4%B0%E0%A5%8C%E0%A4%A6%E0%A5%8D%E0%A4%AF%E0%A5%8B%E0%A4%97%E0%A4%BF%E0%A4%95%E0%A5%80#/media/File:Ajanta_Padmapani.jpg (public domain)
https://en.wikipedia.org/wiki/File:Kailasha_temple_at_ellora.JPG (licensed under CC BY-SA)
https://en.wikipedia.org/wiki/File:Taxila1.jpg (licensed under CC BY-SA)
https://en.wikipedia.org/wiki/File:Martand_Sun_Temple_Central_shrine_(6133772365).jpg (licensed under CC BY-SA)
https://en.wikipedia.org/wiki/File:Sun_Temple,_Modhera_-_Sabha_Mandap_01.jpg (licensed under CC BY-SA)

Manufactured by Amazon.ca
Bolton, ON

10813691R00122